Renaissanced'une vie volée

Henriette-Djoro
Dupont-Koutou

Ce que tu dois être, n'est pas ce que tu es.

On a volé ton passé.

Ne laisse personne prendre ton futur.

Avant-propos

Mes amis m'ont toujours dit, que j'étais douée pour raconter des histoires. Les années ont passé et l'idée m'est venue
d'écrire un livre. Je ne savais pas encore quoi... roman ou histoire vraie...
Et si je racontais ma vie ?

Un matin, après quelques minutes de méditation, j'ai pris la
décision d'écrire et de témoigner, qu'en toutes circonstances,
nous agissons positivement. Tout change, lors d'heureux ha-
sards, de rencontres bénéfiques, ou d'évènements inattendus,
qui interviennent dans notre vie. Des forces nouvelles, nous
aident à vaincre les difficultés, qui nous semblent insurmon-
tables, à améliorer nettement notre quotidien et nous donnent
la paix du cœur. D'autres personnes l'ont constaté et le disent,
ou l'écrivent, mieux que je ne pourrais le faire.

Alors, avec mes mots, je vais essayer en toute simplicité...

Renaissance d'une vie volée, est une suite, des événements,
de mon premier livre, *Une vie volée.*

La prise de décision

En février 2001, Fafa et moi avons décidé de partir dans la région du Sud-Ouest pour chercher un logement. Nous avons choisi le Lot et Garonne. Nous sommes arrivés en plein mois de février. Il faisait bon, les personnes étaient habillées légèrement, sans manteau. Je me suis dit, que dans cette région, le ciel est bleu alors que dans le nord de la France, le froid est bien là. Nous portons encore des vêtements d'hiver.

L'envie de venir vivre dans cette belle région m'emballe aussitôt. Je suis très motivée pour tout quitter sans trop réfléchir aux inconvénients et aux conséquences de mon départ. Le soleil du Sud-ouest a ouvert mon cerveau. Je pense à mon beau pays de la Côte d'Ivoire. Je pense à l'océan Atlantique. C'est le même océan à Bordeaux. Je ne veux plus rester dans le nord de la France. Je veux vivre ici, dans le Sud-Ouest.

La fête de départ du nord de la France

J'ai organisé une très belle fête chez nous, pour dire au revoir à mes copines. Il y avait beaucoup de nourriture. L'une d'elles a préparé des beignets de samossa Comorien, pour l'apéritif. Nous avons cuisiné : de la sauce arachide, des poissons frits avec les accompagnements : du riz au gras, des légumes africains, du manioc, des frites de bananes plantains.

En Côte d'Ivoire nous appelons *Aloco* notre délicieuse spécialité ivoirienne et du *foutou banane*. C'est encore une de nos spécialités du Sud de la Côte d'Ivoire, le foutou banane est long à préparer, mais vous pouvez le faire,

C'est une purée de bananes plantain mûres et de bananes non mûres, un manioc moyen. Suivez la recette :

Éplucher le manioc et les bananes. Les faire cuire dans une casserole remplie d'eau pendant vingt minutes, comme pour cuire de la pomme de terre ou de l'igname. Une fois bien cuits, videz l'eau de cuisson. Puis, pilez d'abord le manioc que vous mettez de côté. Mettre en attente les bananes vertes et les bananes mûres. Faire le mélange des trois, pour que ce soit homogène, bien lisse et rende une belle couleur. Le tout, accompagné d'une bonne sauce gombo, sauce aubergine, sauce claire, sauce arachide, ou sauce graine. La sauce graine est préparée à base de graines de palmes mures. Dans cette sauce, nous pouvons ajouter du poisson frais ou fumé au feu de bois. De la viande de brousse aussi, ou du gibier. Des gros escargots, des crabes de la lagune Ebrié ou Aby... Quel délice !

Quand j'étais enfant, j'allais chez ma mère en vacances avec mes sœurs, nous mangions du foutou. Les Agnis d'Adiaké appellent cette préparation *Acondi*. En fait, il y a plus de manioc et de bananes vertes et peu de bananes mûres. C'est différent de la préparation des Abourés. Abourés et Agnis sont des ethnies du sud de la Côte d'Ivoire. Je préfère la recette des Abourés parce que le foutou est bien sucré. Ce plat des Agnis, m'a beaucoup marqué, quand je l'ai mangé. Ma mère se régalait, mes autres sœurs aussi. Ç'était certainement délicieux pour elles.

En dessert, le fameux gâteau au riz Comorien. Les boissons : le jus de gingembre et comme d'habitude dans les fêtes, le planteur : une boisson à base de rhum et de jus de fruits exotiques. Nous avons dansé. Nous avons réalisé de jolies photos. Tous les invités étaient contents. Mes amis européens découvraient toutes ces spécialités Ivoiriennes. Quel bonheur partagé ce jour-là ! Quelques dames restèrent dans le salon, elles ne voulurent pas sortir dans le jardin de peur que le soleil ne brûle leur peau. C'était marrant, quelques femmes voulaient bronzer et d'autres évitaient le soleil. Le plus important c'est de respecter le choix de chacun, n'est-ce pas ? L'émotion était palpable, lorsque nous nous sommes quittés. Ce n'était qu'un au revoir. Nous nous reverrions sûrement un jour.

Le déménagement

Mi-juin, nous avons commencé à préparer les cartons. J'ai laissé le sèche-linge et le lave-vaisselle. J'ai pris la machine à laver, que je venais d'acheter. Fafa a loué une camionnette. Nous avons mis nos affaires et nous sommes partis avec mon fils aîné. Le voyage fut très long et fatigant. Nous nous sommes arrêtés plusieurs fois pendant le trajet. J'étais étonnée de voir des silhouettes peintes en noir avec du rouge sur des panneaux, au bord de la route. C'était bizarre…

J'ai appris plus tard, que cela montrait les emplacements d'accidents mortels.

Nous sommes arrivés dans la nuit, éreintés. Il faisait très chaud. Nous avons sorti nos affaires de la camionnette et nous nous sommes couchés. Le lendemain, nous sommes allés visiter la préfecture. En route, mon fils nous a expliqué qu'il était déjà venu ici jouer au basket, quand il faisait partie de l'équipe première. Nous étions contents. Nous sommes allés boire dans un café du centre-ville. Nous avons trouvé cette ville très jolie, très ensoleillée. Les gens étaient joyeux. J'ai demandé de l'Orangina, comme d'habitude, mon fils du coca-cola et Fafa de la bière.

Nous avons laissé nos affaires dans la maison louée et nous sommes repartis dans le Nord. Il y avait des virages, beaucoup de virages. J'avais peur, comment j'allais faire, pour conduire dans cette région, avec toutes ces routes serpentées, pour aller travailler chez les clients. Je roule beaucoup dans mon métier de vente directe à domicile. Mais j'y arriverai.

Le retour était mieux, car nous connaissions la route. Nous sommes arrivés à la maison, et nous nous sommes reposés. Nous avons fait un compte rendu aux enfants : le lieu, la ville, la maison, le grand jardin, la campagne. Nous leur avons dit que l'endroit était magnifique. Dans notre nouvelle maison, nous avons des arbres fruitiers : un pommier, un prunier et un mirabellier. Le terrain fait plus de 1000 m². Nous avons une petite cabane au fond de la cour. C'est génial pour élever des poules et de canards. C'est ce que Fafa a fait, à notre arrivée à Bias. Comme ça, nous avons des œufs. Fafa est parti rendre la camionnette louée.

Une semaine après, ce fut l'heure du grand déménagement, juillet 2001. Nous partîmes avec mes trois enfants pour le sud-ouest de la France. Il y avait 1000 km de route. Fafa roulait très vite et ma peur grandissait. En plus je revoyais les panneaux noirs macabres. La peur est souvent dans la tête et est mauvaise conseillère, mais j'ai confiance, je suis prudente.

Les enfants étaient contents de partir. J'avais mal au cœur de laisser mes deux autres. Mais ils étaient majeurs et plus forts que moi. Ils avaient leurs copains, copines, le lycée et les études. De toute façon, ils étaient préparés mentalement.

Pour la réussite de tout le monde, il était important que nous partions.

Notre arrivée dans le Lot-et-Garonne

À notre arrivée à Villeneuve-sur-lot, nous étions joyeux et éprouvions une sensation de liberté personnelle dans cette ville, où personne ne pouvait critiquer et juger sans nous connaître. J'étais bien et très heureuse. Je ne saluais personne quand je me promenais dans la ville. Fafa et moi étions bien. Par contre dans le Nord, les gens s'arrêtaient pour nous poser des questions du style *et ton mari et les enfants*? D'autres personnes étaient très étonnées de me voir avec un autre homme. Les gens nous regardaient avec curiosité. Je n'étais pas gênée, au contraire, j'étais sereine. Nous étions tellement amoureux, que nous ne faisions pas attention aux regards des autres. Ça fait du bien de vivre dans un endroit, où personne ne vous connaît.

Un jour, Fafa et moi, nous étions allés nous promener à Dunkerque, place Jean Bar. Un sage monsieur Comorien, un de mes nombreux clients, m'avait dit à l'époque :

– Ma fille, je vais te dire quelque chose de très important : Sur cette terre, nous finissons toujours notre vie, en vivant tous les événements. Ce que nous n'avons pas pu vivre, quand nous étions jeunes, nous finissons toujours par réaliser, avec de la persévérance, nos rêves les plus profonds. Par exemple le mariage. Si nous ne nous marions pas quand nous sommes jeunes, nous finirons par nous marier plus tard. Même le bonheur finit toujours par arriver un jour. Ne t'inquiète pas ma fille, tu goûteras au bonheur et ce jour-là, tu penseras à moi.

C'est encore lui qui m'avait dit :

– Ma fille, depuis que tu travailles dans le commerce, quand est-ce que tu seras riche ?

Des années après, ce monsieur Comorien m'a vue de loin. Il s'est arrêté subitement, nous a regardés longuement, très surpris de me voir avec un autre homme que mon mari, qu'il connaissait à l'époque. Je me suis mise à rire et j'ai expliqué à Fafa l'histoire de ce monsieur Comorien d'un certain âge. Un sujet de conversation de plus pendant notre promenade. Dans le Nord j'étais très connue, j'y ai vécu 26 ans, j'ai élevé sept enfants. J'ai tenu un commerce de produits exotiques pendant trois ans. J'ai travaillé dans une boutique de prêt-à-porter de luxe bien connu quelque temps. Cette boutique était tenue par Jane, une de mes meilleures copines, qui vendait des articles de grandes marques. Un jour des dames lui ont demandé :

– Tu as embauché une dame de couleur ?

Jane a répondu :

– Je ne la vois pas noire.

J'ai ri quand Jane m'a expliqué cette histoire. C'est vrai que même moi, je ne me vois plus noire. Je faisais des animations dans les supermarchés, la vente directe à domicile et en plus, ma copine Magey et moi, quand j'avais le commerce, nous allions dans des familles pour évangéliser. Nous étions très zélées. Surtout moi, j'entraînais Magey à venir s'occuper des problèmes de familles en détresse de spiritualité. J'aimais ça, rendre ce service aux gens, à des personnes que je ne connaissais pas forcément. Nous allions chez eux, nous lisions la Bible et priions avec eux. Quand nous allions au marché, Fafa était étonné du nombre de bonjour que je disais aux personnes qui répondaient :

– Bonjour Henriette, comment vont les enfants et ton mari ?

Quelle joie maintenant d'être dans une ville où on ne me connaît pas. Quelle sensation de bien-être et de soulagement ! *Pour vivre heureux, vivons caché.*

Notre installation dans la région du sud-ouest

Nous sommes bien installés. Nous sommes très heureux. Nous avons trois chambres : Une pour mon cinquième enfant, la deuxième pour les deux garçons et la troisième pour nous. Nous avons une grande maison et de l'espace. Le lendemain de notre arrivée, je suis allée à l'ANPE pour chercher du travail. Je devais obligatoirement en trouver pour payer les factures de mes deux maisons, celle du Nord et celle d'ici. J'ai trouvé du travail dans les vergers de pruniers, pour ramasser les prunes. C'était au mois d'août, en pleine chaleur. Le travail était très difficile. Il fallait s'abaisser pour ne ramasser que les bons fruits en faisant très vite, j'en profitais pour manger les plus belles, je n'en ai jamais mangé autant de ma vie. Quand j'arrivais à la maison, j'avais des courbatures partout, les genoux me faisaient mal.

J'ai sympathisé avec Jeanny, une jeune malgache et avec un monsieur. Nous sommes devenues amis. Jeanny est devenue ma copine collègue de travail pendant des années. Elle nous a invités chez elle à la campagne, pour passer le week-end. Après la saison de prunes, je cherchais encore du travail. Je ne voulais pas reprendre la vente à domicile, parce que je ne connaissais pas assez de monde et je ne voulais pas courir de risques. Je voulais un travail stable, qui assurerait un salaire fixe tous les mois.

Demande de travail dans la région

Je suis allée me renseigner à la mairie de ma commune. J'ai eu un entretien avec le maire, il m'a donné rendez-vous le 8 octobre, qui tombait le jour de mon anniversaire. Ce jour-là je lui ai dit :

— Bonjour Monsieur le maire. Nous sommes arrivés dans la région, depuis le mois de juillet, avec mon ami et mes 3 enfants. Je cherche un emploi.

Il m'a répondu :

— Nous n'avons pas d'emploi pour vous. Par contre, vous êtes dans une région où il y a beaucoup de travail. Si vous êtes courageuse, vous allez beaucoup travailler. Nous avons des usines. Ils recrutent, allez demander sur place. Il y a aussi des boîtes d'intérim, Manpower, Adecco et d'autres. Madame, il vous faut seulement du courage et la volonté de réussir.

— D'accord, je n'ai pas trop le choix, je dois impérativement travailler et je suis prête à le faire.

— Au revoir Madame, bienvenue dans notre ville et bon courage, à très bientôt.

— Merci Monsieur le maire, pour tous vos renseignements. Je vais immédiatement me présenter. J'arrive à l'usine, je rencontre un monsieur qui se trouve être le chef du personnel, mais je ne le savais pas encore, une belle coïncidence…

Je l'aborde et lui dis que je cherche du travail.

Il me répond d'aller à l'agence d'intérim Manpower qui travaille avec eux. Ils cherchent du personnel actuellement.

Je remercie le monsieur et je vais aussitôt à Manpower. Arrivée à l'agence, la dame qui me reçoit me dit :

— Vous pouvez venir travailler à 13 h.

— Je suis prête, merci Madame.

Je signe mon contrat et je rentre chez moi.

Le partage des dépenses

J'ai inscrit mes enfants dans les écoles. Mik en primaire, Kiv au collège et Lore au lycée. J'ai déclaré à la CAF que je vivais avec mon ami, que je n'avais plus d'aide, ni d'APL. Je voulais être tranquille, de toute façon, c'était vrai, mais je ne voulais pas avoir de problème avec l'organisme social.

Je ne voulais plus risquer d'avoir des problèmes d'argent avec mon ami, comme j'en ai eu, avec le père de mes enfants. J'en avais marre de ce conflit avec mon ex-mari. Nos disputes étaient basées sur l'argent, toujours l'argent. Il n'avait pas confiance en moi. Lui-même faisait des cachotteries concernant son argent, donc il pensait que je faisais pareil. Or, vu le nombre d'enfants que nous avions, comment pouvais-je faire ? D'autant plus qu'ils étaient tous dans des écoles privées payantes. Ils mangeaient à la cantine. Cela générait beaucoup de dépenses. Je ne sais même pas comment j'ai fait, pour gérer tout ça.

L'accord et la confiance de mon nouvel ami fidèle me rassurent et m'encouragent, je le remercie infiniment. J'ai continué à payer les factures du collège et du lycée de mes enfants, pendant plusieurs années, en allant travailler à l'usine. Je cumulais trois emplois. L'usine, le travail chez une dame le week-end et quelquefois le dimanche, *les tresses avec rajouts*.

Il faut un minimum de 8 h à deux, pour coiffer la personne. Les mèches, ou rajouts synthétiques, se posent en mêlant les vrais cheveux avec une mèche synthétique.

Le blues de mon ami Fafa

Notre vie au quotidien dans notre nouvelle région ne convenait pas à mon ami chéri. Il était mal, très mal… Il tournait en rond, n'arrivait pas à travailler, ça ressemblait à une grosse dépression. Je n'en connaissais pas la raison. Peut-être que son père lui manquait ?

Quand il était dans le Nord, il allait souvent le voir dans la semaine. Peut-être que le froid du nord lui manquait aussi, ou sa région. Pendant un an, il a tourné en rond et faisait suer son monde, alors que les enfants s'étaient vite habitués et moi aussi. Les disputes arrivaient souvent, sur le même motif, celui de sa vie passée. À l'époque, je ne comprenais pas, je rentrais dans le vif du sujet et rendais la situation critique. Un jour, j'ai pris la décision de ne plus répondre, j'évitais ainsi, de dire des mots qui font mal. Alors les disputes ont cessé. J'ai compris que de ne plus répondre ouvertement était bénéfique. De penser sans ouvrir la bouche. J'ai commencé à expérimenter le silence. Je le faisais déjà à l'époque. Je n'ai pas l'habitude de répondre quand un sujet me dérange. Je dis seulement *oui, j'écoute*. Et c'est tout, je n'ajoute rien.

Il était tellement mal, que nous sommes allés voir un psychologue et une conseillère conjugale. Je croyais que c'était une solution, Je me suis trompée. Quand nous sommes arrivés au rendez-vous, la conseillère conjugale a défendu mon ami, elle s'adressa à moi en me disant :

— Vous pensez que c'est votre façon d'aimer qui est la bonne, il y a mille et une façons d'aimer. Ce n'est pas parce que son fils n'écrit pas, ne téléphone pas, ne donne pas de nouvelles, que le père et le fils ne s'aiment pas.

La conseillère a dit à mon ami de prendre un appartement en ville. J'étais très surprise. Je pensais avoir de l'aide de sa part, mais je me suis trompée. Je n'ai rien compris à notre entretien, les arguments mentionnés m'ont semblé inappropriés. Chercher à comprendre me semblait inutile. Mon ami, m'a simplement dit :

– Tu vois, c'est bien fait pour toi. La dame veut que je te quitte. Et elle me regardait avec des yeux attendris. Tu penses toujours avoir raison.

Après cette visite, j'ai compris que nous sommes différents, nous n'avons pas les mêmes façons de voir les situations, de nous exprimer et de nous focaliser sur nos manières de voir les choses, notre éducation peut aussi jouer dans les conflits. J'ai eu une très bonne leçon ce jour-là, en plus j'ai failli perdre mon ami.

Les disputes n'ont pas arrêté à cause de la dame qui lui avait donné raison. Il piquait sa crise de colère. Un jour, les disputes s'étaient tellement aggravées, qu'il a décidé de repartir dans le Nord. Il a mis tous ses bagages dans sa voiture, prêt à partir, lorsque j'ai téléphoné à une de mes sœurs elle m'a dit :

– Ne le laisse pas partir. Sors ses affaires de la voiture et remets-les dans la maison. Après tant d'années de combats pour être avec lui, tu veux le laisser s'en aller ? Si tu le laisses faire, il ne reviendra plus et tu seras la perdante. Rabaisse ton orgueil.

J'ai répondu :

– OK, je vais lui demander de rester avec moi par amour, je sais très bien que la fierté entraîne à la déchéance.

J'ai rentré ses affaires à la maison, et je me suis contrôlée pour ne pas me disputer avec lui. Pour ne pas aborder les sujets qui concernaient les personnes de son passé, ni les couples qui me conseillaient négativement. Parce qu'eux-mêmes avaient des problèmes dans le foyer. Il me restait une seule solution, attendre que la crise passe. Pendant ce temps, j'ai téléphoné à ma grande sœur, elle m'a également donné des conseils en me disant :

– Tu fais tout à la maison et tu prends toute la place. Délègue un peu à ton copain des responsabilités, il s'ennuie. Les hommes n'aiment pas ça. Tu verras les choses iront mieux. Dans notre famille les femmes se comportent comme des hommes, c'est pourquoi nous ne réussissons pas notre mariage. Nous voulons tout diriger, tout faire à la maison où les hommes n'avaient pas de place. C'est pourquoi les divorces sont nombreux dans notre famille. Maintenant les hommes de nos familles aussi font tout, c'est bien pour leur femme. Arrête ça !

J'ai compris et appliqué les conseils de ma sœur. Mon ami a commencé à prendre des responsabilités, à laver son linge, à s'impliquer dans les tâches diverses. Avant de vivre ensemble, il m'a demandé si j'allais m'occuper de son linge, j'ai dit oui. J'ai promis le faire. Or mes enfants s'occupaient de leur linge. Quand les enfants me voyaient repasser ses chemises, ils étaient un peu choqués. Les mois ont passé, et un jour mon ami s'est mis à faire sa lessive. Je lui ai demandé pourquoi il le faisait. Il m'a répondu que le fait de voir mes enfants s'occuper de leur linge, il a pris la décision d'en faire autant. J'ai continué à faire le repassage. Chez nous, depuis des années, la table et le fer à repasser, restaient toujours à portée de main. Nous repassons tous les jours, le linge le matin avant de le porter. Je trouve ça pratique, rapide et net.

Mise au point et pensées personnelles

Mon ami ne devait pas s'occuper de mes enfants financièrement. Je ne voulais pas, vu tout ce que j'ai entendu par les mauvaises langues. Le bon Dieu m'a confié mes enfants, je préfère Son aide, que celle de certains humains Il y pourvoira parfaitement. Tant que je m'occuperai de mes enfants, j'aurai de quoi subvenir à leur besoin. Je ne craignais rien, j'avais totalement confiance et sans crainte. Et c'est ce qui est arrivé. Financièrement, grâce à mon travail, tout se passa bien pour payer mes doubles factures. Je travaillais beaucoup, j'étais contente, la joie ne me faisait pas sentir la fatigue. Au contraire, j'étais en forme et très motivée. J'étais heureuse de vivre avec mon chéri et d'avoir quitté le Nord, cette vie passée, remplie de bons et mauvais souvenirs.

C'est la vie, elle est faite pour être vécue pleinement, avec ses mystères. Je savoure tout, la joie de vivre ne m'a jamais quittée en dépit des épreuves. Au fond de moi, j'ai l'espérance que tout ce qui est mauvais, ne dure pas éternellement. Les choses et les faits sains, peuvent durer dans le temps. La confiance se voyait sur mon visage et mon attitude. Quelquefois, cette assurance dérangeait les personnes qui ne me connaissaient pas bien, ou plaisait à d'autres. Être bien dans sa tête et heureuse, c'est bon pour la santé et en plus c'est gratuit. Je souris naturellement aux personnes que je vois, c'est ma façon de dire bonjour.

Travail à l'usine

C'est le premier jour, à l'usine Manpower, au service de dé-noyautage de pruneaux manuel surnommé *la pédale*.

Le travail consiste à dénoyauter rapidement les prunes. C'était la première fois que je travaillais dans une usine, il fallait dénoyauter en mettant les prunes manuellement dans un conduit et en même temps appuyer sur la pédale pour faire sortir le noyau à la vitesse demandée, sinon vous n'étiez pas retenu pour ce travail.

Je suis rentrée dans la grande salle de la pédale. Il y avait beaucoup de femmes. Deux hommes donnaient les prunes à dénoyauter et ramassaient celles qui étaient dénoyautées, par kilos de vingt. J'étais étonnée de voir autant de femmes maghrébines à la pédale.

Dans le Nord, les femmes maghrébines ne travaillaient pas, j'en connaissais beaucoup qui restaient à la maison. Je me suis dit qu'effectivement, le travail ne manquait pas dans la région du Sud. En travaillant bien et avec du courage, je pourrai subvenir aux besoins de mes enfants et payer les charges. J'étais contente et rassurée. Je travaillais de 13 h à 21 h, j'aimais ces horaires, cela me permettait de bien me reposer et d'aller accompagner mes enfants à l'école.

Mik était en primaire, à l'heure de la pause, je devais quitter le travail pour le prendre à son école, le ramener à la maison et ensuite, revenir au travail. Lore était au lycée et Kiv au collège. Lorsque les enfants sont devenus grands, nous avons décidé d'acheter un vélo pour Mik, un scooter pour Lore, pour Kiv, rien ne changeait, il continuait à prendre le bus.

J'étais payée toutes les semaines, ça m'arrangeait beaucoup, j'avais un peu d'argent disponible tout le temps. Je travaillais également chez une dame pour m'occuper de son mari qui avait la maladie d'Alzheimer. J'étais super contente de vivre dans cette belle région du Sud-ouest. Je n'avais plus ces idées suicidaires. Depuis mon arrivée ici, elles ne sont plus dans ma tête. Peut-être est-ce le soleil, ou peut-être que j'ai enfin ce que je veux, avec l'homme que j'aime. Je ne le sais pas moi-même. Mais je suis sûre d'une seule chose, ces idées noires sont parties à jamais.

Le blues d'Henriette

Nous sommes le 10 juillet 2015, il est 7 h 17. Depuis mon arrivée, il y a plus de 17 ans, pas un jour, je n'ai eu cette envie de me suicider comme dans le Nord.

Pourtant j'aime la vie. Lorsque j'ai fait ma dépression, en 1990, je suis allée voir mon docteur traitant, à ma sortie d'hôpital. Quand il m'a vue entrer dans son cabinet, il m'a dit :

– Pour une personne qui déprime vous êtes très coquette. Vous vous aimez, vous ne pouvez pas mettre fin à vos jours. Voyez comme vous êtes habillée, tout est en harmonie. La jupe, le pull, le manteau et même les chaussures.

Je ne me suis pas rendue compte moi-même de ma tenue vestimentaire. Pourtant je sortais de l'hôpital.

Aujourd'hui je me dis que le climat joue certainement de façon différente sur l'être humain. L'endroit où nous vivons, est très important.

Ici, les jours passaient, le travail me plaisait. Tout allait bien et les enfants étaient contents. Mais mon ami avait toujours du mal à s'habituer à la région. Il tournait en rond, rien n'allait pour lui. Il ne réussissait pas dans son travail. La tension régnait toujours entre lui et moi, malgré l'amour que nous avions l'un pour l'autre. Heureusement que nos disputes ne duraient pas.

Je voulais qu'il aille voir un docteur. Celui-ci lui a donné un traitement, mais mon ami ne l'a pas pris.

En 2002, ma nièce, son copain et le fils de mon ami, sont venus passer des vacances chez nous. Ma nièce et son copain cherchaient du travail. C'était génial pour moi. C'était une façon de pouvoir les aider, car ils faisaient des études et dans notre région du sud, en été, il y a plus de travail.

Je travaillais toujours au même endroit, je rentrais de mon travail à 21 h 30, très fatiguée, à force de pédaler et de dénoyauter les prunes pour réaliser mon quota et ne pas être renvoyée. J'arrive à la maison, je mange, ma nièce et son copain veulent me parler. Je n'étais pas trop surprise, car je m'y attendais un peu.

Il y avait de la tension à la maison. Mon ami ne s'entendait pas avec eux. Le copain de ma nièce et mon ami ont failli se battre. Les disputes ont éclaté un matin, pour une raison stupide. Ils disaient que mon ami mangeait leur part de nourriture. Bon bref! je n'y ai pas prêté attention. Par la suite, ils mirent leur nourriture dans leur chambre.

Ce soir-là, ils étaient très contents et voulaient me dire quelque chose. L'après-midi, pendant que j'étais au travail, ils ont parlé avec le fils de mon ami et ce dernier, a raconté que son père avait une femme à l'époque, quand il sortait avec moi. Quand il allait en vacances chez son père, son fils le voyait dormir avec cette femme, dans la même chambre. J'écoutais sans rien dire, très étonnée d'entendre ça. Même si c'était vrai, pourquoi me raconter cette histoire ancienne? Aujourd'hui, mon ami vit avec moi, je me fiche de son passé, ça le regarde, où est le problème ? Même s'il faisait l'amour avec cette femme, il vivait avec elle. Il était libre, à l'époque il me disait souvent :

« Je ne me suis pas engagé avec toi. Je ne savais pas trop si je devais habiter et vivre avec toi, dans cette maison, avec tes enfants. C'est vrai que l'amour entre nous est très fort, mais je réfléchissais beaucoup au futur. Ma tâche n'était pas facile, mon père me conseillait de vivre avec toi, et de prendre les enfants. Mes amis, me disaient que j'étais un fou de sortir avec une femme qui avait sept enfants ».

Je savais moi-même que la situation était compliquée, mais j'étais très amoureuse. Personne ne pouvait me raisonner. Je n'étais pas prête à écouter les conseils des autres. J'ai compris aussitôt leurs pensées, qui étaient de me faire disputer avec mon ami pour mettre fin à notre relation. Ça se voyait dans leur regard, et comme ils ne l'aimaient pas, c'était un plaisir pour eux, de me raconter cette vieille histoire. Je ne comprenais pas pourquoi, peut-être par jalousie. Je ne voulais pas montrer de signe de faiblesse devant eux. Je n'ai rien dit pour qu'ils soient satisfaits. À la maison, avec mon ami, je n'ai pas abordé le sujet. Nous avions pris l'habitude de discuter en dehors de la maison, nous ne parlions pas de nos problèmes devant les enfants, encore moins sur les sujets délicats, comme celui que je viens de citer plus haut. Nous le faisions au lit dans notre chambre, ou en nous promenant, comme nous le faisions dans le Nord. J'étais très en colère, pas contre mon ami, mais contre son fils. C'était comme s'il mettait de l'huile sur le feu. Je ne voulais pas entendre cette vérité. J'ai trop souffert de ça, dans les années 2000, quand j'étais dans le Nord, avant de venir ici. Je ne voulais plus entendre et revivre ce triste sujet. C'était comme si soudain, je découvrais la vérité, sur des choses dont je me doutais déjà. Mais j'ai fini par lui demander :

– Alors, tu vivais avec une femme ?

Il m'a répondu :

– Ma chérie, je t'ai assez prouvé mon amour. J'ai tout quitté pour toi, le Nord, mon père que j'aime beaucoup, pour refaire ma vie avec toi. Je voulais tout recommencer ici, où nous ne sommes connus de personne. Tout ce qui est important aujourd'hui c'est toi. Je ne vois que toi. Comment te prouver mon amour, tu es tout pour moi, n'écoutes pas les racontars des gens jaloux, ne sois pas influençable. Je sais que tu m'aimes. Ne laissons personne nous détruire et sache que je ne serais pas ici avec toi, si je ne t'aimais pas.

Il m'a pris dans ses bras et m'a embrassé tendrement, pour clôturer la discussion. Pour lui, ça ne sert à rien de parler de cette histoire passée. Il est là avec moi et il vit avec moi.

La demande en mariage

Les vacances terminées. Le fils de mon ami, ma nièce et son copain sont repartis chez eux, après avoir semé la zizanie dans notre foyer. Les jours et les semaines passèrent. Je réfléchissais sur les médisances du fils de mon ami. Après tout, c'est la vie. Je suis encore responsable de mes déboires. Je ne pensais plus à me marier. Les enfants ont repris l'école et moi le travail.

Nous sommes le 20 septembre 2002. Fafa m'a invitée dans un très bon restaurant chinois, où nous avons bien mangé un délicieux repas. Le bonheur se voyait sur nos visages. Il me regardait amoureusement et moi aussi. Nous sommes rentrés et nous nous sommes aimés. Le lendemain matin, au réveil, mon ami est parti se doucher, moi, je suis restée au lit. Il est revenu dans la chambre, nu comme un ver et m'a demandé :

– Ma chérie veux-tu m'épouser ?

J'ai commencé à rire, je ne m'y attendais pas du tout, je pensais qu'il plaisantait, surtout en le voyant sortir de la salle de bains en tenue d'Adam. En voyant que je ne répondais pas il a ajouté :

– Je suis sérieux, je veux me marier avec toi. Je t'aime et je veux que tu sois ma femme.

J'ai trouvé très original sa façon de me demander en mariage, j'ai répondu :

– Oui, mais nous attendrons quelques mois.

Je suis allée prendre le calendrier et je lui ai dit :

– Ce serait bien le 7 juin de l'an prochain, il y aura beaucoup de jours fériés. Nous allons voir comment les choses vont se dérouler, pour l'entente et les finances.

J'étais très heureuse, de goûter enfin au bonheur. La joie m'envahissait. Je n'étais plus la même femme. Bizarrement, les disputes ont cessé, l'union était parfaite. Nous avions trouvé un nouveau sujet de conversation, le mariage. Nous en parlions tout le temps. Comment procéder à l'organisation : le budget à prévoir, le nombre de personnes à inviter, trouver et réserver le meilleur traiteur de la région, etc.

Nous voulions un mariage simple, beau et original. Nous savions que la beauté est dans la simplicité. Fafa ne voulait pas inviter trop de monde et moi, j'en voulais moins de cent. Il trouvait que c'était déjà trop, nous nous sommes enfin mis d'accord. Nous commençâmes par réserver chez le traiteur et comme la somme était importante, nous avons laissé un acompte. Le traiteur nous a donné la liste des DJ. Nous avons téléphoné à l'un d'eux, pour prendre rendez-vous avec lui. Nous avions quelques mois d'avance, ça nous laissait le temps nécessaire pour organiser la suite de notre mariage.

Mon ami voulait un mariage religieux. Il disait que pour lui, un mariage sans Dieu ce n'était pas un mariage.

Ensuite vinrent les démarches, pour les formalités : les rendez-vous à la mairie, les dossiers à récupérer, les rassembler, les remplir et les déposer un mois avant le mariage. Le plus important pour moi, c'était l'acte de naissance, à récupérer à Nantes, aux services des Français nés à l'étranger. Ce ne fut pas facile à avoir, à cause de la date, qui devait être de moins de trois mois.

Je ne savais pas si mon avocat avait déclaré le divorce. J'avais peur, j'étais angoissée. Je me disais, que si la déclaration n'avait pas été faite, comment agir ? Nous avions déjà tout réservé, ainsi que le rendez-vous avec le prêtre.

Le doute m'envahissait. Je ne savais plus quoi penser. J'avais mon carnet de baptême. Le prêtre voulait savoir si je m'étais déjà mariée à l'église dans mon pays. Je lui ai dit non. Mais lui aussi voulait une preuve, il s'en est occupé lui-même.

La semaine avant le mariage, il est venu chez nous. J'étais étonnée de sa visite. Il m'a annoncé que l'évêque de la ville de Côte d'Ivoire lui a bien affirmé que j'avais dit la vérité. J'ai eu beaucoup de chance, donc je peux me marier à l'église. Pour mon ami, sa situation était différente, sa femme étant décédée.

Aussitôt la demande de mariage faite, je suis allée dans une boutique spécialisée. La vendeuse m'a proposé une première robe, je l'ai essayée et je l'ai réservée aussitôt. C'était une *robe de princesse*, très belle, couleur ivoire, avec des petites fleurs mises sur les manches et de la dentelle tout le long du buste bien décolleté. La dame m'a dit, dès qu'elle m'a vu, que le bonheur se voyait sur mon visage. J'étais ravissante et mes yeux resplendissaient de joie. Je ne m'en rendais même pas compte.

J'avais préparé ce mariage depuis cinq ans. Dès notre première rencontre, je me voyais me marier avec mon ami et avec personne d'autre. J'en parlais tout le temps avec lui et avec mes copines.

Il y a cinq ans de ça, j'avais déjà tout acheté et tout préparé, des chaussures, deux robes de mariage, des gants, un chapeau. J'ai tout mis dans une valise. Lorsque mon chéri m'a demandé en mariage, j'ai encore acheté, dans l'euphorie, une autre robe. Cette *robe de princesse* était la troisième. Tout était en triple. J'avais déjà tout en double et quand je suis heureuse, je dépense sans compter. Les chaussures achetées en 1999 sont celles que je portai le jour du mariage. Vraiment étonnant.

Mes amies ne me croyaient pas quand je leur parlais mariage et mon ami non plus. Un jour il m'a dit :

— Si je ne me suis pas marié avec la mère de mon enfant, ce n'est pas avec toi que je vais me marier. Nous avons vécu quatorze années ensemble sans l'être, pourquoi je me marierai avec toi maintenant ?

J'ai répondu :

— Je te comprends, mais on ne vit pas avec moi sans être marié, et je n'abandonnerai pas mes rêves. Surtout s'ils sont sains et légitimes. Je ne suis pas une fille légère, je suis respectable. Le respect est lié à l'amour et avec l'amour tout est possible. Je sais que nous sommes le fruit de nos pensées. Déjà toute petite j'ai expérimenté ce pouvoir de la pensée positive.

Il n'a rien répondu tellement j'étais déterminée. Il voyait l'amour dans mes yeux.

Nous sommes allés à Toulouse au salon de mariage. Nous avons assisté à un défilé de toute beauté. Je regardais les robes, elles étaient toutes belles, mais trop chères pour ma bourse. De toute façon, j'avais tout. Nous sommes allés visiter la ville : le Capitole, la place historique et faire quelques boutiques.

Le soir, au restaurant japonais, ce fut la cerise sur le gâteau. Nous avons choisi un plat délicieux, du poisson. Nous avons apprécié le menu et surtout le bonheur d'être ensemble. Je regardais mon ami, je le sentais très heureux. Aller au restaurant était son plaisir, nous avons pris notre temps pour manger et bavarder. J'aime bien déguster mon repas tranquillement, je suis toujours la dernière à finir.

Nous eûmes 1 h 30 de route. Nous sommes rentrés chez nous tard mais contents.

Quelques jours après, je l'ai trouvé transformé, heureux et plein de projets. Mon ami, avait trouvé un nouveau travail dans une nouvelle société. Il avait de nombreux rendez-vous que notait une secrétaire. quelques fois il en réalisait plusieurs et vendait presque chaque jour. Tout allait bien.

Moi, je suis restée à l'usine pour la sécurité de l'emploi et économiser pour le mariage. Nous avons décidé de partager les frais de mariage, c'était très bien.

Recherche d'une nouvelle maison

L'hiver 2002 a été très froid, partout en France. Nous avons eu des problèmes d'électricité et d'eau, les tuyaux étaient gelés. La propriétaire ne voulait rien faire. Les chambres étaient très humides. Un expert est venu constater les dégâts et m'a conseillé, aimablement de chercher un autre logement. Aussitôt je suis allée en ville dans les agences immobilières. J'ai vite trouvé une belle maison avec 1200 m² de terrain, à 5 km, assez loin de la ville.

Une maison presque neuve, entourée devant par de grands arbres. Quand nous l'avons visitée, ce fut le coup de foudre.

Tout était confortable, il y avait trois chambres, un grand salon et une cuisine attenante, le chauffage, le double vitrage. Nous étions très pressés d'emménager pour y vivre. Nous avons réservé la maison. En face de nous il y avait un champ de pruniers, nous étions à la campagne. Nos deux voisins avaient deux beaux domaines. La maison était tellement confortable que nous avons voulu acheter.

Le propriétaire nous a fait espérer pour rien. Il voulait vendre, mais nous disait d'attendre. Moi, je ne comprenais pas pourquoi, je trouvais ça louche. Le loyer était très cher, alors pourquoi ne pas l'acheter, plutôt que de la louer ? Mon ami n'était pas vraiment d'accord pour l'achat. En plus, il écoutait davantage les conseils de son responsable qui étaient négatifs concernant cette affaire. Moi, par contre, j'étais très motivée pour acheter. Un jour j'en ai parlé, à une dame. Celle-ci m'a expliqué que notre histoire était un peu bizarre. Soit, le monsieur ne voulait pas nous vendre la maison, soit, il y avait un problème. Pour tout savoir, elle m'a conseillé d'aller aux impôts pour avoir des renseignements sur ce bien. J'y suis allée, j'ai eu toutes les informations concernant la maison. J'étais très étonnée et sidérée de ce que j'ai appris. En fait, elle était hypothéquée jusqu'en 2014, donc pas vendable. Les impôts l'avaient saisie. Le loyer allait directement aux impôts, donc, nous ne pouvions pas acheter la maison. J'ai fait un compte rendu à mon ami :

– Voilà, maintenant nous devons chercher un autre logement. De toute façon, nous ne pouvons pas l'acheter.

Donc, lui aussi était un peu coincé, je voulais connaître son point de vue. Je lui ai dit de se mettre à chercher une maison. Nous nous sommes mis à prospecter. Nous en avons visité plusieurs, dans plusieurs agences. Notre discussion était maintenant sur l'achat d'une maison. Nous avons également pris rendez-vous dans plusieurs banques. À ce moment-là, j'ai été sensibilisée sur l'importance qu'avaient les revenus sur le pouvoir d'achat. Le choix de notre maison dépendait de ça, de ce que nous gagnions. Les banques prêtent en fonction de notre stabilité, nos charges et nos dépenses. Pour une fois dans ma vie, j'étais consciente de ma réussite professionnelle, pour pouvoir acheter. Heureusement, que nous avions un travail à durée indéterminé. Mon ami gagnait bien sa vie et moi j'avais un travail fixe, je suis restée longtemps à l'usine. Les banques regardaient aussi les relevés de comptes. Il fallait être sérieux dans les dépenses.

Nous étions limités dans notre choix. J'ai réfléchi et je me suis dit que l'orgueil entraîne à la ruine, mieux vaut avoir une maison, moins chère et faire des travaux au fur et à mesure, sans trop avoir de loyer à payer tous les mois, que de ne rien avoir. Je connaissais les préférences de mon ami. Avoir du terrain, de l'espace et une maison pas trop grande avec des arbres. Il le disait souvent, car il redoute l'été, et la maison hypothéquée lui convenait parfaitement. Il aimerait rester là, à moi de tout faire pour trouver un logement similaire, avec du terrain et des arbres.

À un moment donné, j'avais voulu entreprendre de travailler à mon compte dans cette région. J'ai fait la connaissance d'une dame qui ouvrait son agence immobilière. J'ai demandé à mon ami d'aller chez cette dame, j'avais confiance en elle. Un samedi, nous y sommes allés. Elle nous a proposé une maison avec 1200 m² de terrain, pas trop chère. Il y avait des travaux à réaliser. La dame détailla le bien : quatre chambres en haut, un grand garage, deux puits, les volets étaient en bon état. Nous devions la visiter aussitôt et la réserver, d'autres personnes étaient aussi sur le coup.

La visite eut lieu l'après-midi. Lorsque j'ai vu la maison, mon choix fut vite fait. Je la voulais, j'ai beaucoup aimé l'entrée, les arbres et le jardin. Je la voulais seulement pour le jardin. Ce n'était pas loin des supermarchés, du lycée des enfants et à 1 km de la ville. Tout était parfait pour moi.

À l'intérieur dans la maison, au rez-de-chaussée, ce fut la déception, tout était petit. Le salon, la cuisine, les toilettes. Nous sommes montés à l'étage. Il y avait quatre belles chambres avec du plancher au sol. Il n'y avait pas de baignoire mais une douche et un bidet. Tout était vieux, même l'installation électrique. Une vieille construction des années 70. Une fois la visite terminée, quand la dame est partie, mon ami m'a dit, que même en cadeau, il n'en voudrait pas.

– Tu n'as pas la moindre idée de ce que ça représente, tu vois un peu le boulot ! C'est trop vieux, tout est abîmé, même les radiateurs.

Après mon travail, nous fûmes invités au mariage de la soeur d'une copine. Nous nous sommes disputés sur la route. J'essayais de le convaincre de voir la maison dans le futur et non pas maintenant. C'est vrai qu'il y avait énormément de travaux, mais elle n'était pas chère. Nous avions le temps pour les réaliser et plus tard, nous n'aurions pas de remboursements ruineux chaque mois.

Il ne fut pas d'accord. Je lui ai dit de chercher un autre logement en mieux, au même prix. Comme son travail lui permettait de circuler et de regarder partout, il a cherché dans les agences de la région. Les agents immobiliers lui ont dit que ce n'est pas possible d'avoir une maison avec 1200 m² de terrain à ce prix. Il se rendit compte alors qu'il faisait l'affaire du siècle. Il est revenu plusieurs fois la visiter. La dame nous avait donné les clés. Nous avons fait des photos. Au fur et à mesure, mon ami aimait de plus en plus la propriété. Il était très content, envisageait des travaux et disait ce qu'il pouvait améliorer, ou changer. Il avait de quoi occuper sa retraite sans s'ennuyer. Le jardin arboré donnait de la fraîcheur et de l'ombre l'été. Nous sommes allés signer le compromis de vente. La banque soutenait entièrement notre projet. Mon ami avait gardé son compte dans sa banque du Nord, il était chez eux depuis l'âge de 18 ans et avait déjà acheté plusieurs maisons. Le conseiller le connaissait très bien. Nous avons eu le prêt facilement, à un taux intéressant, sans aucun apport.

La préparation du mariage

Les semaines et les mois ont passé. Nous préparâmes le mariage tranquillement, avec beaucoup de plaisir. Nous sommes allées commander les faire-part. Les cartes d'invitation étaient très importantes pour nous. Nous avons choisi l'un des plus beaux modèles, couleur ivoire, selon notre goût, même l'enveloppe était belle. La carte représentait sur trois pliages, deux colombes en haut avec nos prénoms écrits entre les deux, le texte dans le centre de la deuxième partie. La troisième partie représentait un chapeau haut de forme et une jolie capeline. Deux anneaux enlacés formaient un cœur de couleur doré et refermaient le faire-part. Quelle fierté ! Nous sommes allés commander le costume, la chemise et la cravate de mon ami. Il était très beau. Le vendeur a dit :

— Vous serez très beau le jour du mariage, parce que la joie rend très beau. Vous verrez sur les photos.

Effectivement, le vendeur a eu raison. Nous étions très beaux ce jour-là, surtout mon chéri. Je l'ai trouvé magnifique, quand il est venu me chercher au salon de coiffure, mon cœur a commencé à battre comme à notre première rencontre. J'avais envie de l'embrasser et de le prendre dans mes bras, tellement j'étais heureuse.

Les préparations continuèrent. La liste des invités fut plus difficile. Pour le vin d'honneur, où nous étions moins de cent trente, nous n'étions pas trop d'accord. Dans sa famille, ils ne sont pas nombreux et chez moi non plus. Je voulais inviter les personnes qui m'appréciaient et seraient contentes d'être là. Pas d'invités de forme. Je savais aussi que certaines personnes ne viendraient pas, même si je les invitais. Avant d'envoyer les invitations, j'ai téléphoné pour annoncer la date de notre mariage. Mes nombreux amis du Nord n'ont dit oui. Mais beaucoup ne sont pas venus à cause du coût du transport. J'étais très déçue, je comprenais ces personnes. Par contre d'autres n'ont pas fait l'effort de venir. Mes vrais amis étaient là. J'ai été très étonnée par un couple, qui est venu de si loin. Je ne m'y m'attendais pas. J'ai même décidé de les mettre à ma table d'honneur. En plus la dame m'a dit : « je devais être là, vu le service que tu m'as rendu à l'époque ». J'ai oublié le service rendu, pour moi, ce n'était pas grand-chose, mais la dame l'a trouvé très important.

Après le mariage j'ai arrêté de téléphoner aux personnes qui ne sont pas venues et que je croyais être des amis. D'autres n'ont pas répondu, comme s'ils n'avaient pas reçu le faire-part. Entre autres, les personnes de la communauté religieuse que j'ai fréquentée pendant des années.

Mon ami avait raison, pas de fausses personnes à notre mariage, elles se sont éliminées d'elles-mêmes. J'ai réservé les chambres d'hôtel à ceux qui voulaient y aller et j'ai acheté des tentes, des matelas gonflables et des sacs de couchage. J'ai tout acheté pour les personnes qui ne pouvaient pas aller à l'hôtel.

Tout fut parfait et se déroula bien pour réussir notre mariage. J'avais voulu inviter ma cousine d'Angleterre. Mais j'ai beaucoup hésité. Comme je me mariais à l'Église catholique et qu'elle était évangélique je n'osais pas trop. Cependant, j'ai téléphoné. Très contente de m'entendre, ma cousine me dit :

– Alors Henriette qu'est ce qui se passe ? Depuis plus d'une semaine je pense à toi, as-tu un problème ?

– Non, moi aussi je pense à toi, je vais me marier le mois prochain, le 7 juin. Je veux t'inviter, je me marie à l'Église catholique.

– Oh ! c'est génial. Expédie-moi le faire-part pour que mon mari le voie, je viendrai avec mes enfants. Je suis très contente pour toi. Tu as enfin ce que tu veux après tant d'années. Quel bonheur ! Tu te rends compte, tu n'as pas lutté, ni attendu pour rien. Je dois être là, à tes côtés, ma cousine chérie. Il me tarde de recevoir la carte.

– Je l'envoie au courrier aujourd'hui, je suis très contente que tu viennes avec les enfants.

La semaine avant le mariage, la tempête dans la région a fait beaucoup de dégâts. Même le toit de la mairie a été abîmé. Il y a eu la grève des trains dans toute la France. C'était très difficile de voyager. Mon fils aîné est venu de Toulouse en taxi. Le monsieur du taxi a encaissé plus de 250 euros pour l'aller seulement. Tout le trafic était perturbé. Dans la semaine, j'ai téléphoné à ma cousine de Paris, pour lui demander si elle venait. Elle m'a répondu *je veux bien, mais je n'ai pas les moyens pour le billet.*

Je lui ai répondu que je lui faisais un mandat cash.

Elle est venue et m'a beaucoup aidé à faire les derniers préparatifs du mariage et la cuisine.

La veille, vendredi 6 juin 2003, nous avons fait à manger pour les personnes qui étaient déjà présentes. L'occasion des retrouvailles, qui a généré une belle fête à la maison. J'étais très contente de les recevoir et partager le repas ensemble avant le jour J. Le papa, le frère, la belle-sœur et le neveu de mon ami, sont venus du Nord. J'allais souvent à la gare chercher d'autres invités. Nous avons bien mangé, bien bu le jus de gingembre était fabriqué par ma cousine, trop bon !

Le jus de gingembre se fabrique comme ça :

Recette : 200 g de racine de gingembre, 1 litre de jus d'ananas, 2 citrons, 100 g de sucre, un sachet de sucre vanillé. Bien mixer la racine du gingembre avec 200 g d'eau, jusqu'à obtenir une pâte bien lisse, filtrer le jus et mettre les autres ingrédients. Ajouter des glaçons et boire très frais.

Ce jus est très bon pour la santé. Je vous en parle parce que je consomme souvent le gingembre. Tout le monde me connaît pour ça. Le jour de notre mariage j'ai bien bu ce jus. J'étais très en forme et pas fatiguée. Des invités sont partis à l'hôtel. D'autres furent logés en famille, chez une copine ivoirienne. D'autres encore, chez nous à la maison, dans trois tentes, que nous avons dressé dans le jardin. La soirée de la veille du mariage a été longue. Nous avons parlé avec la famille et les amis qui sont restés chez nous, en racontant le passé. Les mêmes questions revenaient : Comment as-tu fait pour que cette relation aboutisse au mariage ? Nous ne pensions pas qu'un jour ton ami allait se marier avec toi. Nous sommes très surpris. Toutes ces années de doutes, toutes ces péripéties. J'ai pris la parole :

– Chers amis et parents, tout est possible à celui qui croit. Par amour, on peut tout faire et récolter beaucoup. Nous avons réussi à vaincre tous les obstacles. Nous marchons ensemble, dans la même direction. Je suis très heureuse et fière, d'être la femme de Fabrice Dupont. Enfin mon rêve se réalise. Nous allons bien nous amuser demain.

Le jour du mariage

Je suis allée au lit pour être en forme. La nuit a été longue. Le matin, j'avais rendez-vous chez la coiffeuse styliste. La dame m'a habillée, coiffée, maquillée et parfumée. Le futur marié est venu me chercher. Nous sommes allés prendre des photos.

J'ai changé ma robe qui était sale de poussière et au retour je suis revenue chez la coiffeuse. Elle m'a aidé à revêtir ma *robe de princesse* celle du mariage et les accessoires.

Quand je suis arrivée à la maison, des invités étaient déjà chez nous. L'émotion était grande. À chaque fois que je regardais ma petite-cousine, j'avais les larmes aux yeux. Elle me donnait de l'émotion. Peut-être les souvenirs quand nous étions dans le Nord. Toutes ces années de combats. Mon chien courait partout, tellement il était heureux. Je trouvais tous les invités très chics et joyeux. C'était très beau à voir.

À 14 h, nous étions à la mairie pour célébrer notre mariage. L'émotion était grande. Quand la secrétaire a prononcé le nom et le prénom de mon père, j'ai eu envie de pleurer. Les souvenirs du passé revenaient dans ma mémoire.

La photographe a pris des photos. Le témoin de Fafa fut le premier à m'appeler Mme Dupont. Il avait l'habitude de dire mon nom de jeune fille.

Après la prononciation du *oui*, nous dûmes partir à l'église. Il y avait un peu de route. Le mariage religieux était à 15 h 30. Nous sommes arrivés à la Basilique Notre Dame de Peyragude et je suis restée dans la voiture à attendre l'heure.

Pendant ce temps, le prêtre a demandé à ma cousine de chanter une chanson de *Marie* en Ivoirien, au moment de la célébration. Une grande surprise pour moi, l'émotion était immense d'entendre cette chanson en Agni et de voir les choristes. La chanson disait *Mère Marie, nous t'aimons…*

Quand j'étais dans la voiture, je ne voyais ni entendais quoi que ce soit sur la préparation de la chanson.

Au réveil ce jour-là, j'étais indisposée, pourtant ce n'était pas la date. L'émotion déclenche parfois les règles. Je devais faire très attention à ma robe et ne pas la tacher. Quel stress, surtout quand c'est du rouge sur du blanc. L'heure de la cérémonie est arrivée. Le prêtre était là avec les enfants d'honneur. Il a voulu que Fafa et moi, avancions à deux, dans l'allée, jusqu'à l'autel. En entrant, une de mes collègues musulmane de travail a crié comme le veut, la coutume de son pays. C'était surprenant, très beau et original d'entendre ça. J'ai été très surprise et en même temps très contente, elle a crié trois fois :

La première fois, quand nous sommes entrés dans la basilique.

Au moment de lire notre consentement, je ne voyais pas sans mes lunettes, alors j'ai pris celles de Fafa. Mon geste a fait rire les invités et le prêtre a dit :

– Voilà, ils ont les mêmes lunettes.

Cet épisode des lunettes était vraiment rigolo. Nous avons échangé nos consentements. Ma collègue a crié.

À la remise des alliances, ma collègue a encore crié.

Nous avons signé le registre et nous sommes sortis de la basilique, bras dessus bras dessous. Une explosion de joie nous attendait à la sortie, inexplicable, tellement sincère et belle, qui sortait du fond du cœur. Nous avons fait des photos de groupe, avec la famille proche, les témoins, les enfants et les sœurs. Les invités venaient nous souhaiter leurs vœux de bonheur.

Le vin d'honneur, sous la responsabilité du traiteur, suivit aussitôt la cérémonie. Tout était déjà bien préparé, pour les invités : des petits fours, aux boissons, tout était là. Le lieu était magnifique. Ma petite-cousine s'est assise pour admirer paisiblement ce beau panorama avec une vue imprenable. J'ai mangé deux petits fours et bu un peu. Je ne voyais pas les gens, j'étais sur un petit nuage. Quand les uns ou les autres me parlaient, j'entendais à peine. Mon mari buvait et discutait tranquillement avec les invités. Une dame nous a pris en photo à la grotte, juste à côté. Le neveu de mon mari, nous a accompagnés à la salle de réception, Fafa lui a confié la clef, parce qu'il avait un peu bu.

Nous sommes bien arrivés à la salle de réception, elle était joliment décorée, tout était prêt, la musique aussi, on entendait la chanson, *Tu as planté coco et tu as planté Plantin*. Le plus difficile à faire, pour bien organiser un mariage, c'est le plan de table. Comment placer les invités. J'ai mis du temps pour le faire, il fallait tenir compte de leurs affinités, de placer les personnes semblables ensemble, afin d'éviter de possibles malentendus. Même ce jour-là, j'ai encore changé l'emplacement de quelques invités. Mon beau-père et les témoins étaient à la table d'honneur. Très touchée par la présence d'un couple d'amis du Nord, nous les avons invités à notre table, pour les remercier d'être venu.

La dame a chanté en Ivoirien avec ma cousine et ma sœur, pourtant elle ne parle pas le dialecte, elle est Camerounaise. Nous avons encore pris des photos avec mes collègues de travail.

Maintenant, nous étions tous à notre place. La fête a commencé par les danses d'un groupe folklorique africain, que j'ai sollicité pour animer la soirée. C'était magnifique, surtout la danse ivoirienne et Sénégalaise. L'organisatrice proposait aux invités de danser, c'était génial. En même temps, le repas était servi par le personnel habillé en noir, très class. C'était beau à voir. Nous avons choisi l'entrée, par un buffet bien garni. Le saumon frais, entre-autre, était très bien préparé. Les convives ont cru que c'était le plat principal tellement c'était copieux. Mon beau-père a confondu, le buffet pour le plat principal et a trop mangé. Résultat, il n'avait plus faim. Tout se déroula comme je l'espérais : la musique, la nourriture, le dessert et l'ambiance. Ma petite-cousine a dit :

– Ton gâteau est très beau et très bon.

Dans la soirée, alors que nous étions assis tranquillement, une dame qui n'était pas invitée est entrée. Aussitôt que je l'ai vue, je me suis levée pour lui dire gentiment de venir s'asseoir à une table. Elle s'est bien amusée, quand ils ont mis la musique sénégalaise. Je ne la connaissais que de vue, elle était à l'aise à la fête comme si elle avait été invitée, alors que Fafa ne voulait pas qu'elle vienne. Il n'avait pas apprécié sa présence et commençait à s'agiter. Les personnes de notre table ont essayé de le calmer en faisant diversion par un jeu, qui consistait à taper le verre avec une cuillère. Chaque fois que les mariés entendaient ce bruit, ils devaient s'embrasser. Cela a permis de le calmer.

La fête a continué et battit son plein, avec le groupe de danseurs. Tout le monde était heureux en les voyant danser. Les invités s'amusaient, discutaient, mangeaient et buvaient du champagne.

Nous avons ouvert le bal sur une valse. Avec ma robe de princesse, comme dans *Sissi*, mon film préféré. Je me suis blottie dans les bras de Fafa. C'est comme si je rêvais.

Nous avons fait le jeu très marrant de la jarretière, la moitié du public ne le connaissait pas. Ma petite-cousine, lorsqu'elle m'a vue sur la table, est venue me dire :

– Tu ne vas pas faire ça ?

Je n'ai rien dit, c'était déjà prévu et j'avais déjà mis la jarretière, elle était très jolie. Dans le Nord on le fait. J'ai toujours espéré faire ce jeu à mon mariage, je pouvais me le permettre, j'avais de belles jambes d'après mon mari. Où était le problème ? Du coup, j'étais un peu gênée pour le public qui ne le connaissait pas.

La jarretière doit être mise en vente, enchère ou pas. La mariée doit soulever sa robe et découvrir sa jambe petit à petit, chaque fois qu'un homme ou une femme surenchérit pour montrer la cuisse de la mariée, qui fait monter ou descendre la jarretière selon les enchères. Si c'est un invité homme qui gagne les enchères, la pièce en dentelle sera détachée de la jambe de la mariée par le vainqueur avec ses dents et l'heureux gagnant pourra emporter son trophée avec lui. Si c'est une femme, la jeune épouse pourra la conserver.

Le plus important était que tout le monde soit heureux d'être au mariage. J'ai bien sélectionné nos invités et ignoré ceux que je ne sentais pas.

J'eus très sommeil, les invités qui étaient venus de loin sont rentrés à l'hôtel et les autres chez eux. Nous sommes restés jusqu'à la fin de la fête, parce que des fêtards buvaient encore du champagne et dansèrent jusqu'à l'aube. Un invité couché sur le sol était saoul. Mon livre d'or, a été bien rempli par les invités. Je l'avais oublié à la maison, ainsi que les dragées. Il y avait trop de choses à penser.

Nous sommes finalement rentrés à la maison. La nuit a été courte. À mon réveil, c'était comme si je sortais d'un rêve, avec une sensation bizarre. Pourtant, tout était bien réel et vécu. J'étais marié avec Monsieur Fabrice Dupont, désormais, je porterai son nom. Je dus le changer sur tous mes papiers : documents, banque, travail, etc.

Mon fils fit sa profession de foi le lendemain du mariage, c'est-à-dire le dimanche de la Pentecôte. Je me suis préparée pour aller à la messe. Il y avait du monde, beaucoup de parents et amis sont venus pour la profession de foi de leurs enfants. J'étais avec ma sœur et ma copine Solange. Fafa est resté dormir, il était fatigué de cette journée inoubliable. Après la messe, je suis allée à l'hôtel pour voir ma petite-cousine. Elle devait repartir en voiture le lendemain, avec mon frère et ma belle-sœur. La grève de train continuait. Les invités sont rentrés chez eux, très satisfait d'être venus à notre mariage. Ils en ont beaucoup parlé. Nous avons reçu beaucoup de cadeaux et des enveloppes de la part de nombreuses personnes. Avec cet argent, nous avons payé notre voyage de noces en Espagne.

Mouvements dans mon activité

Quand j'ai repris le travail, mes collègues m'ont fait remarquer que le bonheur se voyait sur mon visage. Malgré la fatigue j'étais contente de reprendre mon activité. Deux semaines plus tard, nous sommes partis avec notre voiture, en voyage de noces, en Espagne. Le séjour ne fut pas terrible pour nous, l'hôtel était bruyant et Fafa n'arrivait pas à dormir. Il était fatigué. Quant à moi, je pouvais dormir même avec le bruit, ou assise, ça ne me dérangeait pas.

Nous avons pris la pension complète, ce qui n'était pas le bon choix, parce que cela nous obligea à rentrer pour manger le midi. La nourriture était très bonne. Il y avait du monde à cette période de l'année. Nous avons visité la ville. Nous sommes allés souvent à la plage. Les après-midi, après le repas, on se reposait en faisant la sieste. Nous avons pris le bateau pour aller visiter une autre ville. Nous avons passé la journée là-bas. Nous sommes rentrés le soir à l'hôtel, ravis de notre journée. Le dernier jour de notre séjour, j'ai acheté des cartes postales, pour la famille et mes amis et des cadeaux pour les enfants. Une semaine, c'est vite passé. Il faut reprendre le travail. Continuer à pédaler, je dénoyautais sans regarder, en causant avec ma voisine de tous les sujets. Notre passé, nos enfants et le mariage, où elle est venue avec son mari. Nous pouvions parler de l'événement. Ils m'ont dit :

– Quand nous sommes rentrés chez nous, nous avons eu envie de nous marier, tellement votre mariage était beau. Nous n'en avons jamais vu un d'aussi magnifique. Tout était bien, merci à vous. Nous n'avons pas pu nous marier à cause des conflits de famille, mais nous regrettons. Alors nous avons pensé, pourquoi ne pas l'envisager pour nous.

Un sujet qui me vient à l'esprit lors de mon mariage. Une collègue de travail qui y était, a eu une attirance envers le cousin de mon mari. Il est arrivé au mariage déprimé et triste. Nous avions assisté à son mariage. Un grand mariage avec beaucoup de monde, qui m'a donné envie de me marier. J'ai tout aimé. La cérémonie, la nourriture, la fête. Le couple était ensemble depuis très longtemps. Je les voyais quand j'allais chez le papa de mon mari. Fafa les donnait souvent en exemple, il parlait de son cousin avec beaucoup de fierté. Je l'écoutais sans rien dire. quelques fois je répondais en lui disant :

– Ce n'est pas de grimper sur la montagne qui compte, c'est d'arriver au sommet, tout le monde a sa destinée. Il y a des personnes qui commencent tôt et d'autres tard. Le plus important, c'est de réussir sa vie et d'atteindre ses objectifs au moment venu. De réaliser ses rêves les plus profonds, d'être heureux, en faisant ce qui nous plaît.

Je lui disais aussi :

– Il vaut mieux, ceux qui font de longues études, pour qu'un jour ils aient un bon métier et un bon salaire, que ceux qui arrêtent trop tôt, pour entreprendre un travail précaire, ou des métiers qui ne rapportent pas assez d'argent pour vivre plus tard aisément. Personnellement, je suis pour les longues études et les diplômes. Il y a un proverbe qui dit : *Rien ne sert de courir, il faut partir à point.*

J'ai eu raison, car la maison du couple a été construite sur le sable. Deux ans après, ce fut le divorce. Et c'est moi qui fis tout mon possible, pour le sortir de sa situation et le rendre de nouveau heureux, en donnant le numéro de téléphone de ma collègue de travail. Ils se sont vus à mon mariage. Ils ne se connaissaient pas. Elle l'a trouvé triste et effacé. Je savais qu'il cherchait une copine, je lui ai noté le téléphone de ma collègue. À la sortie du travail, j'ai téléphoné au cousin. J'ai donné le numéro de téléphone de ma collègue. La semaine après, il est revenu chez nous pour la rencontrer. Ça a été très vite. Le couple est venu à la maison m'offrir un bouquet de fleurs. Tout se passait bien au travail, Fafa m'a dit de ne pas donner le numéro, mais je l'avais déjà fait. Il connaissait la suite des événements. Je pensais que c'était en mon pouvoir, de donner du bonheur aux autres, simplement, ou que j'étais un instrument positif. Quelques fois ça me coûte très cher, je n'ai pas compris la réaction de cette personne.

Le cousin voulait repartir dans le Nord, elle est tombée enceinte, il est resté, ils ont des enfants et ils se sont mariés.

Nous n'avons pas été invités au mariage. À la naissance de sa fille, je suis allée à la maternité. J'ai été débauché sans trop m'y attendre, d'autant plus que je faisais mon quota. J'étais très triste ce jour-là et vraiment surprise. Quatre ans de travail chez eux sans arrêter. Pourquoi, elle m'a débauché, qu'est-ce que j'ai fait de mal ? Mon comportement l'agaçait, je l'énervais peut-être, par mon attitude et mon indifférence. Je n'étais pas lèche-bottes et ne les fréquentais plus. Le même jour, mon agence d'intérim m'a proposé une autre mission. J'étais très contente et en même temps déçue, de ce qui venait de m'arriver. Jusqu'à aujourd'hui en écrivant ces faits, nous ne nous sommes plus fréquentés. Fafa non plus ne les voit pas, pourtant c'est son cousin.

Mon nouveau travail est génial, j'ai repris dans un autre secteur. Je ne suis plus à la pédale pour dénoyauter les prunes, je suis à la pesée. Les heures de travail sont très bien, je suis de jour, de 8 h à 16 h. C'est vraiment génial, j'aimais bien ce travail. Je pesais des prunes pour mettre en conserve et quelquefois, nous réalisons de la confiture de prunes. J'étais seule à mon poste, j'avais un responsable très gentil et un autre monsieur qui ramassait les conserves.

Le désir d'avoir un enfant avec mon second mari

J'étais tranquille à ce travail. Fafa et moi, nous nous promenions souvent en discutant de choses et d'autres. Un jour, l'envie d'avoir un enfant à nous deux, m'est venue, pourquoi pas. Nous en parlions souvent, puis le rêve devint réalisable. J'avais ligaturé mes trompes après la naissance de mon dernier enfant. Je ne voulais plus en avoir, après la césarienne. Mon docteur m'avait posé la question, j'avais répondu oui, heureusement, sinon je me retrouvais avec plus de 10 enfants.

Avec Fafa, l'envie est revenue d'enfanter de nouveau. Après le mariage, tous les désirs resurgissent, même celui d'être mère à nouveau. Je voulais vraiment que nous ayons un enfant. Les jours passent et l'idée était toujours là. Fafa était d'accord, j'étais prête à tout faire, pour notre bonheur. La démarche était surtout de ne pas avoir de reproche plus tard, de la part de mon mari, me disant :

– Tu n'as pas été capable de me donner un enfant.

Plus de conflit, tout est clair.

Le rendez-vous fut pris chez le gynécologue. Il me reçut gentiment et m'informa que tout était encore possible. Mais il fallait tenir compte de certains critères : le vouloir vraiment, mon âge, le coût, le test, non pas en France mais à l'étranger, pas loin de chez nous. Il me donna les coordonnées de la clinique et me prescrit toutes les analyses à faire.

Le résultat arriva. Le docteur me dit :

– Vous avez encore des ovaires. Votre utérus est bien. Vous n'avez pas de fibrome. Pour une Africaine c'est un peu rare, car elles ont souvent l'utérus fibromateux, huit fois sur dix.

Il m'a donné le numéro de téléphone de la clinique pour avoir des renseignements. Après des semaines d'entretiens téléphoniques, la décision fut prise pour réaliser la FIV.

La doctoresse m'expédie l'ordonnance pour faire des analyses. Je commençai par les prises de sang et à ma grande surprise, je découvris que j'étais très anémiée. Le taux d'hémoglobine était à 8. Je ne m'en rendais pas compte. Je travaillais beaucoup et la fatigue me faisait dormir tout le temps. J'étais très pâle. Heureusement que j'ai entrepris les tests pour avoir un enfant, sinon je serai tombée malade. Toutes les analyses ont été faites. Tout était normal sauf l'hémoglobine Mais j'étais tellement motivée qu'en un mois mon taux était à 12. J'ai mangé du boudin, des navets crus, j'ai pris des comprimés de fer, des viandes et des tartares. Je me suis mise à bien me nourrir et à bien déjeuner le matin. La nourriture est très importante, j'étais moins fatiguée.

Nous étions au mois d'août 2005. J'ai commencé le traitement par la piqûre. Après nous dûmes aller chercher mon fils qui revenait de sa mission, il était sous-officier dans la marine et a voulu que nous soyons là, le jour de son arrivée. Nous y sommes allés avec ses deux derniers frères, c'était super. Nous avons visité la ville. Puis nous sommes allés chez ma copine. Les retrouvailles, après toutes ses années passées ont été émouvantes. Nous avions beaucoup de choses à nous dire, à raconter notre mariage. Enfin, je lui ai dit que j'étais très heureuse avec Fafa. Elle m'a aussi raconté sa vie, sa maman tient un commerce. Nous sommes allées dans sa boutique. J'ai acheté un petit haut violet, très joli. Fafa ne comprenait pas pourquoi j'achetais toujours quelque chose, quand j'étais dans un magasin. J'aimais me faire plaisir. J'achetais tout ce qui est original et rare. J'aime bien m'habiller et me faire belle. Je ne fume pas, ne bois pas et ne joue pas. Je ne vais pas chez l'esthéticienne ni dans les salons de coiffure toutes les semaines, donc je peux me permettre de me faire plaisir dans l'habillement. J'ai offert ma photo de mariage à ma copine. Le lendemain nous avons été invités par une Marocaine. La dame nous a préparé un bon plat de coucous et nous avons échangé les souvenirs du passé. J'aime bien raconter des histoires pour passer le temps. Je sais aussi écouter, mais j'aime surtout raconter. Et ce jour-là, j'ai expliqué que la vie est bien faite. Que nous faisons souvent chez nous, de façon automatique c'est de bien recevoir les personnes à l'improviste. Il y a toujours à manger. Le peu que j'ai, je le partage. Souvent je réalise le jus de gingembre pour faire goûter. Et voilà que nous arrivâmes à Toulon, où nous sommes invités par une copine pour manger ce bon plat de coucous marocain chez une inconnue. Tout le bien est rendu par d'autres personnes. Nous rentrâmes très content de cette belle soirée. Fafa était très heureux. Le matin suivant, nous sommes allés sur le bateau. Nous avons eu la chance de le visiter. C'était très impressionnant. J'étais fière de mon fils aîné. Je le sentais très heureux de faire ce métier, et servir son beau pays, la France. Le bonheur était partagé. Fafa appréciait beaucoup mon aîné. Il lui a toujours dit que, le plus important, c'est une belle réussite, le travail, la santé, et a ajouté : *il a un bon métier, il vit dans un beau pays Français.*

Quand on aime, on trouve tout bien chez la personne, on l'admire.

Nous avons réalisé de belles photos. Nous sommes allés visiter le zoo, qui se trouve en hauteur, puis la cathédrale, le marché et la plage. C'était génial, de passer ces bons moments ensemble. Nous sommes rentrés chez nous, parce que, je devais continuer le traitement. Il y avait plus de 20 comprimés à prendre par jour. Tout a été fait à temps.

Nous avons passé cet été avec mon frère, sa femme et ses enfants chez nous. Nous sommes allés à Lourdes ensemble. Nous avons fait des sorties. Il y avait une fête médiévale dans la région, ensuite nous avons continué de nous amuser en famille. Les vacances terminées, ils sont rentrés chez eux et moi j'ai continué mon traitement.

Le départ à l'étranger pour la FIV

Nous avons pris la route pour aller à l'hôtel, réservé depuis la France. Nous avons cherché un peu, car à l'époque nous n'avions pas de GPS. Nous avons déposé nos bagages et nous sommes allés à la plage manger au bord de l'eau, la soirée se présentait bien. J'avais mes comprimés à prendre, il fallait bien manger. Fafa était gourmand, c'était génial. Il avait mis tout l'argent dans sa sacoche. J'étais un peu inquiète quand il déposait son sac. Je surveillais, parce que lui ne faisait pas attention. Nous avons choisi dans notre menu une spécialité espagnole. Nous avons bien apprécié. Nous nous sommes promenés après le repas, au bord de la mer en amoureux. Vers 23 h, nous sommes rentrés à l'hôtel nous coucher et être en forme pour l'intervention. Le matin, au réveil, j'étais très stressée, la peur me passait dans la tête. Au fond de moi, je ne voulais plus envisager cette FIV. Mais je ne pouvais pas faire marche arrière, je me suis engagée, et comme je n'ai qu'une parole, il fallait aller jusqu'au bout de ma démarche et de ma promesse. J'étais déterminée pour continuer cette aventure. Fafa aussi était un peu nerveux, donc il me communiquait son stress.

Arrivés à la clinique, nous avons marché dans plusieurs couloirs avant d'arriver au service concerné, puis nous avons été au guichet pour payer la somme demandée. Ensuite nous avons attendu dans la salle d'attente. À l'heure prévue, ils sont venus me chercher pour l'intervention. En moins d'une demi-heure, c'était fait.

Nous sommes retournés à la plage et là, Fafa stationna sa voiture. Un petit garçon est venu nous parler, lorsque l'enfant est parti, Fafa ne trouva plus sa sacoche. Il s'est fait voler son sac avec tous ses papiers et sa carte bleue. Il a téléphoné aussitôt pour avertir sa banque afin de bloquer sa carte bancaire.

Nous fûmes obligés de rentrés en urgence chez nous, pour faire les déclarations de vol. En route, nous avons trouvé un sujet de conversation. Comment les choses ont pu arriver, à quel moment il s'est fait voler. Nous cherchâmes où était la faille. Fafa s'occupa de ses déclarations de perte. Quant à moi, j'ai repris le travail et j'attendis les deux semaines pour connaître le résultat de la FIV.

Nous avons été invités un soir par des connaissances rencontrées à l'église. Ils nous ont invités, le monsieur fumait, ça m'a un peu gêné. Mais au bout d'un moment j'ai eu la nausée. Je cherchai quelques mises en bouche pour faire passer ce malaise, mais il n'y avait pratiquement que des boissons. En fait, l'invitation n'était qu'un simple apéritif. Je commençais à avoir faim et je voyais Fafa qui me regardait en souriant, d'un air de dire *le repas ce n'est pas pour ce soir.*

Nous ne nous sommes pas attardés, nous étions très contents de rentrer chez nous, pour manger à notre guise.

Septembre 2005, Fafa m'a accompagné, le matin des résultats. Le test était négatif. J'étais soulagée, contente et, pas trop déçue. Car j'ai quand même résolu un problème de santé très important, l'hémoglobine. Je n'étais plus fatiguée.

L'esclavage moderne

J'ai repris le travail à l'usine pas trop contente, en voyant toujours que la situation n'avait pas changé, je me suis énervée. J'étais affectée dans d'autres services, où nous étions traités comme des esclaves. Je pensais que cette époque était abolie, mais non. Maintenant c'est de l'esclavage moderne. Des responsables qui sous-estiment les employés, parce qu'un jour ils ont été nommés à un poste de responsable. J'ai enfoui cette partie injuste dans mon cœur, pour ne plus y penser. Dommage que je n'ai pas écrit les faits, au fur et à mesure. Ces souvenirs restent brefs.

Un matin, une des responsables m'a tellement mise hors de moi, que je suis partie de l'usine en laissant toutes mes affaires, même mes chaussures de sécurité. Je suis partie tellement en colère, que j'ai oublié de rendre la clef de mon casier. Je ne suis plus retournée au travail, j'ai démissionné ce jour-là. Comme j'étais en intérim il n'y a pas eu de suite. Je me suis dit, que je ne retournerai plus jamais dans cet endroit. Je perdais mon temps malgré la paie que je touchais toutes les semaines pour subvenir à mes besoins. Je suis allée m'inscrire au chômage et espérai trouver un autre travail, mieux que là où j'étais.

Mes cinq années dans cette usine ont été très difficiles, je me sentais mal, renfermée sur moi-même et je ne communiquais plus avec le personnel.

Je venais du nord de la France où je travaillais dans la vente. Mon parcours professionnel était mieux qu'ici. Je réfléchissais comment j'allais faire, pour quitter cette activité que je n'aimais pas.

Je vivais et j'étais très heureuse d'être avec mon Fafa. Pour le reste, je savais que je réussirai un jour, le plus dur était derrière moi. Mais chercher un nouveau travail, n'est pas simple, je suis allée en premier chez ma coiffeuse. La dame qui s'est occupée de moi le jour de mon mariage. Je suis entrée dans son salon pour lui dire que je cherchais du travail en lui expliquant la situation.

– J'ai quitté l'usine, j'en avais marre de faire un travail répétitif où nous ne pouvons pas évoluer et je n'aimais pas du tout ce que je faisais. Je m'ennuyais et je me sentais prisonnière, vraiment prisonnière. Depuis que je suis partie de l'usine, je me sens libre. Une liberté très appréciée, j'étais soulagée. J'ai même eu l'impression que j'avais rajeuni de dix ans. Le repos se voyait sur mon visage. Les personnes qui me connaissaient le disaient.

La dame m'a proposé de venir travailler chez elle en réalisant la coiffure africaine. Pourquoi pas, c'est mon domaine. Pendant des années je faisais ça. Même sans diplôme je maîtrise ce travail.

Quelle libération, c'est souvent comme ça, il faut partir d'un lieu pour s'en rendre compte, et voir la situation, de l'extérieur. Nous ne nous en rendons pas compte. Il faut du recul, ou sortir de là. Je me suis libérée de ce travail ennuyeux, c'est clair.

Nous avons commencé à faire les papiers. J'ai rencontré sa comptable qui n'était pas d'accord, pour des raisons que j'ignore encore. J'ai travaillé bénévolement des mois sans rien toucher. J'étais contente de travailler là, après l'usine. Il y a moins de stress et c'est plus agréable, même si je n'étais pas rémunérée. Je voyais du monde, je rencontrais des nouvelles personnes sympathiques et je faisais des nouvelles connaissances. J'ai quitté l'usine en septembre 2005. Je suis restée dans ce salon jusqu'à décembre 2005.

Le renouveau

Puis un jour, la chance m'a souri, un beau jour pour moi. Une dame est venue dans ce salon se faire coiffer, elle voulait des renseignements sur une société dans le Nord, où j'ai moi-même travaillé. Comme j'avais le numéro, je me suis proposé de l'aider, pour résoudre un problème de pièce détachée. Après, une idée m'est venue, je me suis dit, pourquoi ne pas téléphoner à cette société et travailler pour elle, puisque j'avais déjà été employé chez eux. Un matin, je les appelle en disant :

– J'ai déjà travaillé chez vous, j'aimerais revenir.

Ils n'ont répondu :

– OK, nous donnerons vos coordonnées à la responsable du secteur de votre région. Elle vous contactera rapidement.

Nous étions mi-décembre 2005. Je reçus un coup de fil.

– Allô, vous êtes Mme Dupont ?

– Oui.

– Je suis la responsable de région. C'est pour votre demande de travail.

– Oui, j'ai déjà travaillé chez vous en 2001.

Le rendez-vous fut pris pour l'entretien. La responsable voulait que je commence le travail au début de l'année. Mais j'étais très pressée.

J'ai signé le contrat le 19 décembre 2005. Les gens étaient en pleins préparatifs de Noël. J'ai compris après pourquoi la responsable voulait que je débute en Janvier. Les ventes du robot étaient terminées à cette période de l'année, mais je faisais quand même des démonstrations.

Deux semaines d'attente, c'est long pour moi. Je pensais faire autre chose, j'avais le projet de travailler à mon compte qui me revenait souvent en tête. Je réfléchissais, j'avais plein d'idées. Ouvrir un salon de coiffure de tresses africaines. Je suis allée me renseigner à la chambre de commerce. J'ai commencé les démarches et j'ai suivi une formation d'entreprise. C'est obligatoire pour les personnes qui veulent travailler à leur compte. Mais là, j'ai appris que le BEP de coiffure, était obligatoire pour s'installer. Comme je n'étais pas diplômée, j'ai abandonné, pour chercher autre chose. Me lancer, comme dans le Nord en 1986, où j'ai tenu un commerce de produits exotiques pendant quatre ans.

Il était une fois dans le Nord

Ça fonctionnait très bien. Mes enfants étaient très motivés. Le mercredi, mon premier fils allait au magasin seul, il tenait la boutique et s'occupait de tout, jusqu'à ce que nous revenions du marché, car nous faisions les marchés locaux. Il était jeune et pourtant très doué et habile pour ses neuf ans. Les jours de vacances, les enfants nous aidaient à servir les clients. Leur jeune âge, ainsi que leur professionnalisme et leur courage, étonnait souvent ces clients. En même temps, les enfants réussissaient très bien à l'école, les maîtresses ne pouvaient rien dire, l'exemple était à la maison. Nous travaillions tous, pour subvenir aux besoins de la famille.

Une fois, j'ai été très touché par le comportement de mon troisième enfant. Il est venu à pied au marché, nous retrouver, pour nous aider. J'ai été tellement émue qu'il ait fait autant de kilomètres, que je lui ai offert en cadeau, un vélo pour se déplacer. Une fois par semaine, le vendredi matin très tôt, nous allions à Paris Rungis, acheter les produits exotiques où on trouve tout. Ce marché est très grand, où les produits du monde entier arrivent frais. J'aimais bien y aller pour acheter la marchandise et aussi faire une sortie. Après j'allais au restaurant chinois manger du canard laqué et du riz cantonais. Ensuite, j'allais dans un salon pour me faire coiffer. Pour finir, je me rendais à Château Rouge puis à Barbès, acheter des produits cosmétiques pour peau noire, que je revendais par la suite.

Sur la route, je téléphonais à la maison, pour être sûre que les enfants étaient bien partis à l'école. S'ils ne répondaient pas, c'est qu'ils y étaient. Ils étaient très ponctuels, j'étais très fière d'eux, surtout à l'âge qu'ils avaient, ils se débrouillaient toujours, n'importe où qu'ils soient. Quel bonheur de les avoir, c'est une belle réussite.

Je ne voulais pas avoir la contrainte du commerce sédentaire, ne pas attendre les clients dans la boutique. Je voulais aller chez eux. De toutes les ventes que j'ai réalisées, je préfère la vente directe. Travailler où, quand et avec qui je veux. Planifier mon agenda comme je souhaite et prendre des vacances quand j'en ai envie.

Signature du contrat

Le plus important c'est de réaliser mes objectifs, bien réussir ce que je fais et bien gagner ma vie. Alors, pourquoi ne pas me lancer et investir mon temps dans cette société, qui est très connue sur le marché pour ses robots culinaires. J'avais le produit et tous les documents pour travailler.

Le jour de la signature du contrat, je suis allée montrer le produit à une copine, mais je n'y arrivais pas bien. Je ne me suis pas entraînée à faire des recettes, ni apprendre la méthode. Je me suis carrément plantée et j'ai raté la démonstration. La copine, ne s'en est pas rendu compte. Le mari était là aussi. Ils ne m'ont rien commandé et je suis partie de chez eux un peu déçue.

J'étais responsable de ma défaite, parce que j'ai manqué de professionnalisme. À partir de ce moment, je me suis mise à apprendre toute la méthode par cœur. Mon dernier fils m'écoutait, il me disait :

– C'est comme si tu récites maman.

Ce n'était pas encore assez naturel. Mais je connaissais toute ma méthode. J'apprenais tout en détail. Je réalisais toutes les recettes du support commercial. J'ai réalisé neuf dégustations sans rien vendre. Pourtant la vente était un métier que je maîtrisais à l'époque, alors pourquoi je n'y arrivais plus.

Je me suis rendu compte que j'avais perdu l'habitude de parler, quatre années à l'usine à répéter les mêmes gestes, sans dire un mot.

Et aussi, je récitais, donc les prospects se rendaient compte de mon manque d'assurance. Ils ne voulaient pas acheter un produit de cette valeur, en voyant l'hésitation de la vendeuse, qui ne le connaissait pas parfaitement.

La preuve en est, des mois après, j'ai vendu à toutes les personnes à qui j'ai montré mon produit au début. Elles l'ont acheté sans difficulté. Ce sont ces personnes qui m'ont sollicité.

Le 29 janvier 2005, j'ai pris rendez avec ma nièce et son mari pour une démonstration. Ils habitaient à 30 km de chez moi. La route était très sinueuse, je n'avais pas l'habitude de circuler dans cette région, différente de celle du Nord. J'avais un peu peur, mais j'étais motivée. Je suis arrivée chez eux en pleine campagne, un peu difficile à trouver, surtout le soir. J'ai cuisiné pour le dîner, en utilisant le produit facilement, j'étais rodée maintenant. À ma grande surprise, le mari offrit le produit à sa femme. Je venais de réaliser ma première vente avec fierté. J'étais très contente et soulagée, j'étais enfin productive. Il me restait 5 autres ventes à faire, pour gagner mon produit de démonstration, que je voulais gagner et non pas payer. De toute façon, je n'avais pas les moyens de me l'offrir, alors, la seule solution qui me restait, c'était vendre et faire des démonstrations pour le gagner. J'étais déterminée.

Je ne connaissais pas de monde dans cette région. Comment faire, pour réaliser mes ventes ? J'abordais les personnes aux marchés, dans les supermarchés, dans les fêtes, partout je parlais de mon produit. J'avais une copine de travail, avec qui j'ai pris rendez-vous. Son mari était là, il cuisinait tranquillement une omelette, son repas de midi, pas du tout intéressé par la démonstration de mon appareil. Je sentais une tension dans le couple et je savais que je ne ferai pas affaire ce jour-là. J'avais l'habitude. Mon expérience en vente du passé, me revenait, il n'y en a pas quand le couple est en désaccord. Parfois, on a une chance de vendre le produit.

Je voulais des contacts. Mais je ne connaissais pas grand monde dans la région. J'avais déjà exploité le peu de personne que je connaissais. Ma copine m'a donné un contact. Je suis allée chez elle et je l'ai reconnue. Nous avions travaillé ensemble à l'usine. Elle ne m'a pas commandé, le produit était trop cher. Je lui ai demandé des contacts. Elle m'a donné des renseignements sur une de ses copines. J'ai téléphoné pour prendre rendez-vous et j'y suis allée. Ce n'était pas trop loin de chez nous. J'ai fait la démonstration à la dame, pas de vente non plus. Mais elle était très ouverte, nous avons bavardé, j'ai su qu'elle avait travaillé dans la vente à domicile de la même société que moi, mais pour un autre produit, puis elle avait arrêté. Elle m'a donné plus de vingt contacts.

Je suis parti de chez elle, sans rien vendre mais avec des contacts. J'étais contente, j'avais de quoi exploiter. J'ai téléphoné aussitôt à plusieurs d'entre eux. J'ai réussi à avoir des rendez-vous. Je suis allée démontrer mon produit. J'en ai vendu à quelques-uns de la liste, d'autres m'ont dit non, plus tard, ou non définitivement. C'était la dernière semaine de mon mois d'essai. J'ai daté plus de douze démonstrations. Le matin et l'après-midi. Toutes celles du matin se sont annulées. Celles de l'après-midi m'ont permis de réaliser cinq ventes, j'étais à neuf ventes. Il me restait une vente pour toucher une prime, comment faire...

Rancune du passé

Un matin, le téléphone sonne, c'était ma sœur. Très surprise de son appel, car nous ne nous fréquentions plus. Nous sommes en désaccord depuis des mois, pour des raisons idiotes, comme d'habitude. Comment faire avec une personne qui ne pardonne pas le passé et qui vous côtoie sans rien oublier ?

Elle pensait avoir raison, se disait être plus intelligente et me traitait de bête, parce que j'ai pu pardonner les faits du passé. Rien à faire. Même si vous pardonnez les faits, ça ne sert à rien. Ces personnes resteront toujours butées. Mieux vaut les ignorer pour le bon.

À l'époque, je ne comprenais pas la situation clairement. Et en plus, je ne me suis pas posé vraiment la question. J'avais tout oublié, tout pardonné, pour réussir ma vie. De toute façon, pour moi, il n'y a pas de réussite sans pardon et le pardon est une puissance qui libère. J'étais libérée, alors pourquoi me pourrir la vie, avec la bêtise humaine ?

Je me suis bien amusée après cette histoire. Avec l'âge et le recul, j'ai compris parfaitement la situation. Aujourd'hui, je suis très heureuse avec mon mari, pourquoi me rendre malade avec cette salle histoire ?

– Allô, c'est Akissi, bonjour.

Je réponds aussitôt, très froide et sur mes gardes :

– Oui j'écoute !

– Mon mari est intéressé par le produit que tu vends.

– OK, je passe chez vous cet après-midi.

Une semaine avant, ma fille a donné le catalogue à sa tante qui l'a montré à son mari. Il connaissait déjà le produit, mais l'ancien et voulait le changer. Voilà la raison du coup de téléphone d'Akissi.

Je suis allée chez eux avec ma fille. C'est elle qui a pris le volant, elle connaît bien la route, moi, j'avais encore peur de conduire à cause des virages.

Malgré l'histoire entre Akissi et moi, mes enfants fréquentaient leur tante. Nous sommes arrivées chez eux. J'ai commencé aussitôt ma démonstration très sérieusement. La tension était palpable, surtout à mon niveau, je ne devais pas faire de faux pas. À un moment donné, Akissi prit la parole pour faire une objection. J'ai répliqué avec colère, en disant que je n'étais pas venue pour m'amuser, mais pour travailler.

Après tout, je m'en foutais, j'étais à neuf ventes, j'avais déjà gagné mon produit de démonstration. Ses réflexions m'agaçaient. Ma fille m'avait prévenue en me disant :

– Si tu réussis à vendre ton produit à ma tante, c'est que tu es forte.

Je partais avec un gros défi. Je savais que son mari voulait acheter, il est un client facile. Ma fille m'avait déjà expliqué, *tonton ça va, il achète facilement, mais tantine est plus compliquée... compliquée en tout, mais elle ne se rend pas compte et pense que ce sont les autres qui sont bêtes.*

Quand nous fréquentons des personnes compliquées, nous nous trouvons quelquefois bêtes, d'assister à des faits qui nous surprennent toujours.

À ma grande surprise, le couple commanda. La femme ne voulait pas trop. Mais le mari qui avait le modèle de 1961, voulait le nouveau, il en était émerveillé.

Ce fut la vente la plus difficile, réalisée dans toute ma carrière. Vendre un produit à une personne en conflit, c'est pratiquement impossible, pour la cliente et pour moi, mais j'ai réussi. Nous sommes reparties très contentes. Je savais que l'orgueil entraîne à la ruine. Une bonne chose de faite.

J'étais à dix ventes. Je les ai réalisées, en deux mois d'activité et je n'oublierai jamais la dixième. Des années après, je raconte avec beaucoup d'émotion cette vente. J'ai gagné mon appareil de démonstration, de l'argent et une prime.

Finalement, j'ai bien fait d'aller chez ma sœur, je voulais aussi faire plaisir à ma fille qui m'a trouvé une cliente. À cet âge, elle voulait aider sa maman chérie. Je comprenais son idée, puisque c'est elle qui avait fait la publicité.

Travail et mal-être

Je dois continuer, trouver des contacts et prendre rendez-vous, avec toutes les personnes que je rencontre. Je réalisais mes ventes tous les mois, cinq, six, huit, quelques fois, dix. Ma responsable était très étonnée de ma réussite. Un jour elle m'a dit :

— Avant de t'embaucher, j'ai eu des doutes. Vu ton accent, je pensais que ça serait un fiasco.

Je n'ai rien dit, je savais que c'était un avantage, je n'ai pas voulu lui raconter mon passé et mes exploits, pour ne pas avoir la pression. Je savais ce que je valais, j'aurai dû lui montrer tous mes diplômes avant de me faire recruter. Ma fille m'a demandé si je l'avais fait, j'ai répondu non.

Il n'y a pas de réussite sans échec, ni doute, ni persévérance. Heureusement que j'avais déjà fait de la vente à domicile, car souvent, je me sentais mal. J'avais l'impression d'être nulle. Mes collègues me traitaient comme si je ne savais rien faire. Donc, je reflétais exactement mon ressenti. Pour elles, malgré les ventes que je réalisais, je n'étais pas capable de faire grande chose et je détestais très fort ce sentiment, mais je n'ai rien laissé voir.

Si je n'avais pas eu ce passé positif dans la tête, j'aurais abandonné très vite. Je suis restée quatre ans en VDI, tout en étant au chômage. Je pouvais être salariée de la société et travailler pour cotiser ma retraite. Rien ne m'a été proposé. Je m'ennuyais énormément, pourtant, j'étais toujours présente aux formations du lundi. Je ne manquais jamais aucun événement concernant le travail.

Comment faire, pour être reconnu à sa juste valeur ? Rien de spécial, si ce n'est d'attendre. Quand leur plan pour réussir sera prêt, la machine se mettra en route pour le recrutement.

Le découragement me venait par moments. J'étais depuis deux ans au chômage, il finissait au mois d'août, et rien n'évoluait dans mon travail. Comment faire pour payer mes factures ? Je me suis dit *j'en ai marre de cette situation,* pourquoi ne pas téléphoner aux sociétés d'animations, pour en faire dans les supermarchés.

Nouvel essor

J'étais très décidée et j'ai pris contact avec une société d'animation. J'ai commencé aussitôt dans les grands magasins, à rencontrer du monde... beaucoup de monde. Des animatrices comme moi dans d'autres domaines et des clients. J'étais très contente et bien dans ma peau. J'avais regagné l'assurance que j'avais perdue. Je me suis rendu compte que j'étais encore une très bonne vendeuse. J'abordais toutes les personnes qui passaient en montrant mes produits. J'avais des oui et des non-sens, comment savoir si elles étaient intéressées, sans leur proposer la marchandise.

Je ne n'ennuyais pas, je discutais avec les personnes. J'étais toujours occupée et ravie de mes deux jours de travail, par semaine. Mon salaire était correct, j'avais en cadeaux les produits d'animation et beaucoup d'échantillons. J'aimais bien ce travail. Les lundis, mardi, mercredi et jeudi, je travaillais en VDI et les vendredis et samedi, je faisais les animations, je réussissais parfaitement mes ventes, partout et beaucoup.

Un matin, j'étais en animation avec une collègue. Nous parlions de mon produit, une dame qui passait a entendu. Elle s'est arrêtée et a voulu que je vienne chez elle pour une démo. J'y suis allée, elle a acheté et m'a recommandé d'autres clientes.

J'ai signé un autre contrat VDI, j'avais trois contrats de travail, je gagnais bien ma vie. Tout baignait pour moi, la reconnaissance des Sociétés et le salaire.

Un vendredi matin, j'étais en animation. J'aborde une dame qui venait et je ne savais pas que c'était la responsable. Elle s'est présentée après, à partir de ce jour-là, j'ai eu ce produit à animer, avec tous les avantages. J'étais très contente. J'avais du travail tout le temps, même quand j'avais des moments creux, comme en janvier, février ou pendant les vacances.

Le travail paye toujours. Je faisais l'implantation du stand ou des rayons le matin. Je réalisais mon chiffre d'affaires dans ma société de vente à domicile.

Je ne perdais plus mon temps pour des futilités. Ni au téléphone à discuter pour rien. Quand je téléphonais c'était pour du travail ou à mes enfants. L'un d'eux m'a dit :

— Maman, arrête de passer ton temps au téléphone à discuter. Tu parles pour rien, travailles c'est mieux.

J'ai écouté ses conseils. C'est vrai que je ne me rendais pas compte de la perte de temps au téléphone pour ne rien dire.

Et maintenant j'utilise le téléphone uniquement pour le travail. Nous sommes toujours occupés à demander des services et à en rendre. Si vous voulez bien réussir dans la vie financièrement, rendez des services. Le nombre, augmentera votre revenu. Il m'a fallu du temps pour comprendre cette philosophie.

VRP ou pas VRP

Ma responsable me propose enfin le poste de VRP, mais je ne le voulais plus, j'étais trop prise ailleurs et la situation actuelle me convenait très bien. Je voulais plutôt être responsable et évoluer, après toutes ces années de ventes. Pourquoi pas ?

En plus, je lisais beaucoup de livres sur l'épanouissement personnel. Je voulais vraiment réussir. Je mettais en pratique les conseils des auteurs. Je réussirais, j'étais persuadée que je pouvais occuper ce poste de responsable de secteur.

Mais ma responsable avait un autre plan pour moi et refusa. Elle voulait une VRP dans son équipe, pour être à son tour directrice de sa région. Elle disait aussi que je pouvais être une bonne VRP. Et moi je souhaitais un poste de responsabilité.

J'ai accepté d'aller en formation pour savoir si j'étais prête à l'être. Pour participer à cette formation, il fallait réaliser vingt-quatre ventes en trois mois. Je les avais faites.

J'ai pris le TGV tôt le matin, puis un taxi, pour me rendre à l'agence. Au retour le taxi est revenu me chercher pour m'accompagner à la gare. Je n'ai pas bien dormi de la nuit, par le stress. En plus, avant d'aller à l'agence je n'étais pas bien, souffrant d'une fatigue passagère.

J'étais dans le doute à un moment donné. Je voulais leur dire que mon choix était d'être responsable. Je trouvais plus facile d'être à ce poste que d'être VRP.

Les responsables faisaient un minimum de ventes, ils devaient recruter et gérer une équipe. Ce poste me convenait parfaitement, mais je me faisais des illusions. Je pressentais bien les choses et savais que ce n'était pas possible. J'étais partie pour être VRP.

Ils n'avaient pas besoin d'une responsable dans mon secteur. Pourquoi me le proposer ? Maintenant, ils avaient besoin d'une VRP pour l'agence. Ils avaient leur plan, il n'y avait plus rien à faire.

Je suis rentrée le soir en taxi. Le chauffeur était très gentil et ouvert. Nous discutions de tout et de rien pendant le trajet. Il me faisait beaucoup rire. Il me trouvait très jolie et charmante, et ses compliments m'amusaient.

J'arrivai chez moi contente. La semaine d'après, ma responsable m'a demandé d'aller chez elle pour me donner le compte rendu de ma formation. À ma grande surprise, ils ont décidé que je n'étais pas apte, pas capable pour être VRP et que je manquais de confiance en moi. Heureusement que je n'ai pas demandé à être responsable de secteur. Par la suite, j'ai entendu par une collègue de travail, qu'ils avaient dit :

– Elle n'est même pas capable d'être VRP. Ce n'est pas le poste de responsable qu'elle pourra occuper.

Quelle humiliation quand je l'ai quittée. Je vois encore la scène, j'étais dans un état de colère et de tristesse. Je ne comprenais pas ce qui m'arrivait. Je vendais bien, ils ont vu une pauvre femme soucieuse, malade et, triste ce jour-là. Même si je n'étais pas bien, j'avais mes chiffres et j'étais dans la société depuis quatre ans. J'avais fait mes preuves, ils me connaissaient, alors pourquoi ? J'ai renoncé à comprendre. Je pensais seulement à toutes ces années de ventes et à tout ce que j'ai réalisé dans ma vie. À l'entreprise tenue avec mon ex-mari, mon commerce pendant trois ans, les enfants. Tout me passait dans la tête. J'étais tellement mal que j'ai téléphoné à mon fils psychologue. Nous avons discuté longuement. Il m'a dit :

— Ils ont vu ta simplicité. Ils ont vu ce qu'ils voulaient voir. Ne te rends pas malade pour rien, ça n'en vaut pas la peine. L'avenir te le dira. Toi tu sais ce que tu vaux, tout s'apprend, tu peux apprendre, l'informatique s'apprend.

— Oui c'est vrai, je ne dois rien à personne.

J'ai raconté à tout le monde ce qui m'arrivait, à mes clientes qui m'appréciaient bien. Ma sœur m'a conseillé de quitter cette société. Mon mari a eu plus de sagesse. Il m'a dit :

— Ce n'est pas trop grave, continue à faire ton travail correctement, ne t'occupe pas de tout ça. Reste dans cette société. Fais tes ventes et ne va plus perdre ton temps à l'agence. Il n'y a que le travail qui compte. Tu n'en as rien à faire. Tu seras un jour VRP. Tu ne perdras que six mois, c'est tout.

Je me suis jurée de ne plus travailler à plein temps, pour cette société, j'en aurai toujours plusieurs. On ne sait jamais avec ce que je viens d'entendre et de vivre. Je n'avais plus confiance en personne, la rage au ventre me poussait à travailler pour prouver qu'ils se trompaient sur moi. Je vendais partout.

Signature du contrat VRP

Enfin en août 2009, j'ai signé le contrat de VRP. Un an après j'étais conseillère expert avec plus de 147 ventes en une année. Je pensais encore postuler pour le poste de responsable de secteur. Mais encore une fois, je me suis trompée. Malgré mon travail, mon investissement, ils ne voulaient pas de moi à ce poste. Pour eux je n'étais toujours pas capable. J'entendais dire à l'agence que le poste était réservé à une collègue. Au fond de moi, je pensais que c'était encore possible, même si je savais que non.

Nous étions en 2010. J'ai fait une très belle rencontre en dégustation. J'ai vendu mon produit à une charmante dame, très bonne conseillère en bijoux. Elle aussi m'a trouvée très bien, je voulais la recruter et elle voulait également me recruter.

C'était au mois de juin. Fafa et moi allions en Nouvelle Calédonie voir mon fils. À mon retour de la nouvelle Calédonie je suis allée chez Suzanne pour réaliser la mise en service de son appareil. Il y avait trois dames ce jour-là. Elles travaillaient dans le social. Je n'ai rien vendu. Après, elles ont dit à Suzanne qu'elles étaient venues pour se distraire, que j'étais trop sérieuse et elles n'ont pas aimé mon attitude. Elles n'ont surtout pas aimé de voir une femme comme moi, se débrouiller sans aller leur demander de l'aide. Elles ont acheté après, avec une autre conseillère, celle-ci leur a dit que je gagnais tellement bien ma vie que je me faisais des *couilles en or...* J'avais très bien compris leur intention de me dénigrer ce jour-là. Après la démonstration, Suzanne m'a encore proposé de venir travailler avec elle. Je lui ai dit que j'étais salariée, et je voulais être responsable. Je ne me rappelle plus sa réponse. Une idée m'est venue aussitôt dans la tête. Un rappel fondamental, très important. Je me suis rendu compte qu'avec les gens, les choses ne se passent pas toujours bien. Peut-être à cause du comportement des trois dames. J'ai ressenti ça. Je le savais depuis longtemps mais j'avais oublié. Je me suis dit pourquoi être responsable, si avec les humains j'ai souvent des problèmes relationnels ? Maintenant c'était très clair dans ma tête. Je ne voulais plus occuper le poste de responsable de secteur. Je voulais mon indépendance.

Ce fut un incroyable déclic. Suzanne m'a demandé de faire une présentation chez moi. J'ai accepté, mon agenda étant très chargé, nous avons préféré un dimanche soir, personne n'est venu à ma présentation. J'ai acheté un collier et un pendentif pour lui faire plaisir, d'autant plus qu'elle venait de loin.

Quand j'ai vu les bijoux, je les ai trouvés très jolis. Elle voulait toujours me recruter. Je lui ai dit non, j'ai proposé une copine. La copine a refusé. Suzanne me relançait. Elle voulait vraiment que je vienne travailler dans le groupe. Un jour, les choses se sont mal passées dans la société où je travaillais. J'ai eu la confirmation qu'ils ne voulaient pas de moi pour le poste de responsable de secteur. J'ai aussitôt pris la décision de travailler avec la dame dans sa société de bijoux. Nous étions en novembre 2010, le 11 précisément. Mon agenda était rempli de rendez-vous. Je n'avais pas du tout de temps, je suis quand même partie signer un autre contrat ailleurs. Ce mois de novembre j'avais vendu plus de vingt appareils.

Quand j'ai signé le contrat de vente de bijoux, j'ai ressenti de la tranquillité, de l'apaisement, pourtant j'avais beaucoup de travail, mais je gérais mon agenda comme je voulais. Pas de pression. Les clients ne me menaient pas en bateau. Je maîtrisais, tout allait très bien. J'ai gagné un voyage à l'Île Maurice avec cette société.

Voyage en Nouvelle Calédonie

Nous avons pris la voiture jusqu'à Bordeaux et l'avons laissé au parking pour la sécurité. Ensuite nous avons pris le vol pour Paris Charles de Gaule, Paris Tokyo et Tokyo Nouméa. Nous sommes partis le samedi et nous sommes arrivées le mardi matin. Le voyage a été très long, avec beaucoup d'heures d'escale. Nous sommes restés de longues heures au Japon et avons dormi à l'aéroport de Tokyo. Nous n'avons pas osé sortir de peur de nous perdre, mais c'était quand même sympa de rester sur place. Il y avait beaucoup de choses à visiter. J'ai pris des photos.

Enfin l'heure du départ est arrivée pour la Nouvelle Calédonie. Nous avons pris l'avion Air Calédonien. Nous sommes arrivés le mardi matin. Mon fils est venu nous chercher, des femmes nous ont accueillis avec des couronnes de fleurs du pays, c'était original et chaleureux. Nous sommes allés nous coucher immédiatement dans l'appartement de son amie. Il y avait dix heures de décalage, ça fait beaucoup et j'étais très fatiguée. J'avais tellement travaillé avant de partir, que la fatigue se faisait sentir, mais, j'étais tellement motivée par ce voyage, que je réussissais toutes mes ventes. Il fallait aussi que j'assure le prix de mes vacances chez mon fils, pour un mois.

Là-bas, c'était le début de l'hiver, mais pour nous, la température était correcte. Le paysage était magnifique, avec la mer et les plages. Nous étions très contents. L'amie de mon fils nous a prêté sa voiture en plus de son appartement. C'était génial. Nous restions le soir dans l'appartement pour dormir et en journée, nous nous promenions avec mon fils et nous restions chez lui, pour partager le repas, que nous avions préparé ensemble. Nous sommes allés sur l'île aux canards, en bateau pas loin de Nouméa, où nous y avons passé la journée. Le pays était merveilleux, vraiment comme un paradis sur terre, avec un ciel très bleu, dès le matin. Le lever et le coucher de soleil, étaient magnifiquement beaux à regarder. Nous étions très contents.

Je n'arrivais pas à m'adapter au décalage horaire. Vu mon besoin de sommeil, je dormis souvent les après-midi, pendant deux semaines. En plus, j'avais la tête qui tournait quand je me couchais, j'étais très mal. Nous avons consulté un médecin, qui n'a rien trouvé de grave. Peut-être, la fatigue du voyage et trop de travail cumulés avant le départ. Il me donna un traitement à prendre, je me sentis mieux. J'ai eu un peu peur de ce qui m'arrivait. Se sont rajoutées des douleurs au ventre, qui me poussaient à aller à la selle. Cette sensation de malaise ne s'expliquait pas.

Ça a commencé en France. J'avais des vertiges et dans le lit, je voyais le plafond bouger. Je suis allée aux urgences, on m'a dit que tout allait bien, sûrement de la fatigue.

Les deux autres semaines chez mon fils, se sont bien passées. Enfin l'adaptation. Nous avons visité le pays. Nous nous sommes arrêtés dans un village Kanak. J'ai été impressionnée par leur méthode de vente. La marchandise est exposée sur le bord de la route, il n'y avait personne pour nous servir. Vous preniez la marchandise et vous laissiez votre argent dans une boîte à sous, c'était original, il n'y avait pas de vol. La confiance était totale de la part des villageois et ils nous la communiquaient, un exemple de civilité que nous devrions copier. Les après-midi, nous allions à la plage où nous passions de très agréables moments sans être serrés sur le sable, comme sur nos plages françaises.

Un mois passé dans ce beau pays avec mon fils, son amie, mon petit-fils et mon mari a été extraordinaire, Fafa a tellement aimé ce voyage, qu'il envisageait même d'aller vivre là-bas plus tard.

Finies les vacances

Nous sommes rentrés en France. Nous avons récupéré la voiture, très heureux d'arriver chez nous. Il fallut encore deux semaines pour recaler le changement d'heures. Fafa s'habitue vite. Moi par contre j'ai du mal, pour reprendre le travail, les activités hebdomadaires, faire les démonstrations et les présentations de bijoux. La responsable des bijoux était formidable. Elle me motivait pour faire du chiffre et en même temps pour gagner le voyage à l'Île Maurice. Avec cinq recrues, je pouvais me l'offrir. Je voulais connaître ce pays. Ma copine du Nord m'a tellement parlé de cette île que je rêvais d'y aller un jour et l'opportunité s'est présentée. Pourquoi ne pas faire tout mon possible, pour gagner en recrutant et en les aidant à réaliser les 4 000 euros en trois mois, c'était faisable.

Quand je démontrais mon appareil, je portais beaucoup de bijoux. Je reprenais des présentations pour aller les leur montrer après. C'était l'année de la réussite. Je vendais bien mes bijoux et aussi mon robot.

Ma réussite me permettait d'aider mes enfants et quelques amis. Mes sept enfants ont chacun d'eux, eu un appareil.

Ma fille aînée, quand elle attendait sa première fille a eu le robot en cadeau de la part de sa sœur et de moi-même. Quel bonheur ! En premier nous avons commencé par lui offrir un livre de dessert. Un matin je reçois un coup de téléphone d'elle me disant :

— Maman, combien ça coûte ton appareil ? C'est trop bien. Je suis dans mon lit, en train de feuilleter le livre et je trouve ça génial, j'aimerais l'acheter.

J'ai répondu :

— Tu aimerais ce robot ? Ne t'inquiète pas, avec ta sœur nous l'avons commandé pour te l'offrir à la naissance de ton bébé. Nous avons voulu te faire une surprise, mais comme tu en parles, je te le dis. Tu verras c'est magique. Tu feras beaucoup de choses avec, pour ton enfant. Les purées, les soupes, les viandes et les poissons. Tu n'achèteras pas des petits pots. Même pour vous, c'est génial. Aujourd'hui c'est vraiment une méthode de cuisson, plus besoin de casserole. Tu peux tout préparer avec ça. Ton copain aussi sera content.

Elle s'est mise à crier de joie.

– Ce n'est pas possible. Merci maman. C'est trop gentil. Merci, merci. Je suis trop contente.

Anecdotes

C'est formidable de voir comment ce robot culinaire, rend les familles et les personnes heureuses. J'ai plusieurs anecdotes à raconter, pour démontrer comment les personnes réagissent.

Une fois, une mère me commande ce robot en cachette pour sa fille. En discutant avec elle, celle-ci dit :

– Je n'aimerais pas avoir un appareil électroménager comme cadeau d'anniversaire pour mes trente ans.

La maman avait déjà commandé. Le jour de l'anniversaire, elle remet le cadeau à sa fille et lui dit :

– Si tu ne le veux pas, je le donnerai à ton frère.

Sa fille se met à crier de joie :

– Maman, ce n'est pas un appareil électroménager ça, c'est différent. Tu te rends compte, c'est génial, je suis trop contente, merci.

Après des mois, la maman en a acheté un autre pour l'offrir à son frère.

Une autre fois, un monsieur me téléphone.

– Vous êtes la dame qui vend les robots ?

Je réponds oui.

– Je veux offrir cet appareil à mon épouse sans qu'elle le sache.

– D'accord.

Le rendez-vous est pris chez moi. Il arrive et remplit le bon de commande. Je discute un peu avec lui et demande :

– Alors, comment avez-vous pris la décision de l'offrir à votre femme puisque vous n'étiez pas d'accord. Les deux fois que je suis allée chez vous, votre femme en avait très envie.

Il me répond :

– Effectivement, j'ai fini par céder, car elle me prenait la tête. À chaque fois qu'elle cuisine, elle me dit, *si j'avais ce robot, je ferai ci, je ferai ça*, à force, j'en ai eu mare. Alors voilà, c'est fait.

– Génial, votre femme va être contente.

Encore une autre fois, je vais dans une famille montrer le robot. Ce jour-là, il y avait des enfants, le mari et la femme. Elle avait assisté en tant qu'invitée, à la dégustation la veille, chez sa copine. Je décidai de lui réaliser une recette en cadeau pour que son mari puisse voir.

Nous préparons la recette avec du riz, du poisson, des légumes et une sauce sublime de couleur verte. La sauce a été réalisée avec les feuilles de laitue, des citrons, du persil, de la crème fraîche et des feuilles de basilic. Une très bonne sauce qui surprend les invités, par son goût et sa couleur originale. Les enfants étaient enchantés de découvrir le robot, le mari aussi. Les enfants ont dit au papa, *c'est trop bien, achète-le.*

Le père n'a pas répondu. La mère avait envie de se l'offrir. Je pensais vendre. Je suis partie de chez eux, sans signer le bon de commande, mais pas trop déçue, car je savais qu'un jour, la vente se ferait. Le soir chez moi, j'allume mon ordinateur pour lire mes courriers, je reçois un e-mail du monsieur, qui me dit :

– Madame, vous êtes venue chez nous cet après-midi faire une démonstration du robot. J'ai trouvé ça super, je veux faire une surprise à ma femme et lui offrir, comment pouvons-nous faire ?

Je réponds aussitôt et nous prenons le rendez-vous pour la commande.

Il est très courant, que des personnes me téléphonent en cachette, pour prendre rendez-vous avec moi, afin d'offrir ce robot. Surtout à partir de novembre, pour la fête de noël, en mai pour la fête des mères, et les anniversaires. Manger, partager des bons moments en famille autour d'une table, de bons plats cuisinés très facilement, rapidement, économiquement et créatifs avec cet appareil. Je pourrais raconter à l'infini d'autres anecdotes.

Découverte d'une écrivaine

Je fais de belles rencontres dans mon travail. Une cliente, Nine, qui est devenue une amie, m'a beaucoup aidée à réalité mon projet de livre. Cette agréable amie a découvert mes écrits tout à fait par hasard, lors d'une démonstration chez sa voisine. Quel bonheur ce jour-là, vous ne pouvez pas vous imaginer !

La date de sortie de mon livre, était fixée le 17 août Le matin, Fafa m'a accompagné Nous avons pris sa voiture. Il y avait des cartons. J'ai pris une photo du livre, puis je l'ai posté sur Facebook. Très contente et très fière ce jour-là, je suis allée livrer aux personnes qui ont commandé et en offrir un à la dame qui m'a aidé à mettre mes écrits sur la clé USB. Elle n'était pas là. J'ai sonné chez sa voisine, son mari est venu n'ouvrir la porte et m'a invité à entrer, nous avons discuté, j'ai dit que j'avais écrit un livre.

— Vous avez écrit un livre ? répéta la dame.

— Oui, j'en ai dans la voiture.

La dame m'a expliqué que son rêve était aussi d'écrire un livre.

— Allez le chercher.

J'y suis allée. Elle l'a acheté aussitôt. Je lui ai expliqué pourquoi j'étais dans son quartier. Je voulais aller chez Nine, mais elle n'était pas là, mon portable était déchargé, je ne pouvais pas téléphoner et j'avais oublié mon chargeur.

Le mari de la dame m'a demandé mon téléphone et l'a chargé pour moi, avec un chargeur universel. J'ai téléphoné à Nine, pas de réponse. J'ai continué à discuter de tout et de rien surtout avec la dame. Ensuite elle m'a dit :

— Je vais lire ton livre et je te donnerai mon avis.

J'étais pressée de connaître ses commentaires. Le lendemain, je reçois le premier SMS, *je ne sais pas si c'est votre portable, pouvez-vous me le confirmer ?* J'ai confirmé et lui ai demandé si elle a lu mon livre. La réponse fut, *oui, nous avons commencé, nous le lisons à deux, nous vous donnerons nos critiques. Bonne journée.*

J'ai pris peur, le stress me gagna quand j'ai lu le mot *critiques.* Le lendemain j'ai envoyé un SMS à la dame, *bonsoir Marie, je viens aux nouvelles. Vous pensez quoi de mon livre ? Bon dimanche.* Marie me répond, *Je l'ai presque terminé. Il est très bien. De lire toutes ces souffrances que tu as subies, me fait très mal au cœur. Tu mérites le bonheur à présent, je t'embrasse.* Je réponds, *OK, merci, tu penses que c'est bien, tu as aimé ?*

Réponse, *Oui, je pense que tu auras du succès et que tu le vendras bien.* J'ai répondu, *merci beaucoup. Tu es la première personne qui me donne son avis. Je suis très touchée.*

Marie m'envoie encore un SMS, *j'ai beaucoup aimé, tu as été trop malheureuse, tu as subi trop de choses et ton livre est bien, tu as su transcrire toutes tes émotions, tes déceptions, tes joies et tes chagrins, bon dimanche.*

L'entreprise pour éditer mon livre a demandé beaucoup d'attention, à chaque démarche. Je suis rentrée dans le magasin. J'ai demandé des renseignements pour l'édition de mon livre. Je suis allée à la maison chercher le manuscrit et la clé USB. Il l'a copié et m'a dit :

— Je vais le lire et je vous contacterai.

Une semaine après je retournai le voir, nous avons mis les choses au point et il a ajouté.

— Je ne vous édite pas, parce que vous n'êtes pas connue. Vous n'êtes pas célèbre. Mais vous pouvez faire de l'autoédition.

Il m'a tout expliqué sur le terme. Il devait m'envoyer un devis par email. Je l'ai bien lu et je me suis dit, que le jour où j'aurai l'argent nécessaire, je ferai éditer.

Mon septième fils est venu me rendre visite chez nous. J'ai montré le manuscrit. Il a regardé sans lire et il m'a dit :

— Maman ne publie pas comme ça, trouve un correcteur pour bien corriger les fautes, si tu veux écrire un livre, fait quelque chose de bien.

Nous en avons trouvé une sur internet et pris rendez-vous. Je suis allée chez elle, mais mon GPS me faisait tourner en bourrique, il ne m'a pas aidé du tout. J'ai dû téléphoner à la personne, qui m'a expliqué comment arriver chez elle. Nous avons discuté et je lui ai donné la copie du manuscrit. J'ai payé un acompte en chèque, le reste sera soldé, quand je viendrai chercher le résultat. Tout était OK. Nous avons discuté pendant qu'elle m'accompagnait à ma voiture. Elle-même m'a parlé de ses livres et m'a rassurée. Le courant est bien passé entre nous. Je l'ai trouvée charmante et très gentille. Je suis repartie contente de cette rencontre positive, pour mon projet.

J'ai reçu l'email de la maison d'édition. Je n'ai pas cherché à en contacter d'autres, j'ai trouvé plus pratique d'en prendre une de la région. Je n'ai pas eu de frais de déplacement. En ouvrant mon email, j'ai vu la maquette, j'ai beaucoup aimé la photo. Je l'ai mise sur Facebook et envoyée aux enfants.

L'un d'eux m'a demandé de changer le titre de mon livre.

– Le titre et la photo ne vont pas ensemble, en plus le titre est un peu accusateur. Est-ce que tu peux le changer ?

J'ai répondu :

– Non, Je ne peux plus le changer, car j'ai déjà donné mon accord pour éditer 200 livres, la machine est lancée. De toute façon, je ne peux plus rien faire, le titre, la photo, le synopsis et le contenu vont ensemble. Pourquoi changer ? C'est mon livre, mon histoire et mon choix. Je fais ce que je veux.

Le lendemain du mariage de mon fils à Nantes, pendant le petit-déjeuner, j'ai annoncé à quelques personnes de la famille, que j'avais écrit un livre. À ce moment-là, ils auraient pu ou dû m'interroger sur le livre et me dire ce qu'ils en pensaient. S'intéresser à mon manuscrit, et, me poser des questions… J'avais la clé USB de mon livre dans mon sac, je l'avais prise pour aller au mariage, au cas où quelqu'un voudrait en lire quelques passages. Personne n'a semblé s'y intéresser, pour me donner des conseils ou des idées.

Je pense que les enfants et moi-même n'avons pas considéré l'enjeu du livre, je ne pensais pas vraiment aux retombées, de qui pouvait lire le livre, que mon livre pouvait intéresser le public.

Une fois que j'ai mis la photo sur Facebook, j'ai reçu des commentaires de mes amis. J'ai commencé à avoir peur, le stress m'envahit. Je n'arrivais plus à dormir correctement. Je pensais beaucoup et je me disais, qu'est-ce que les lecteurs penseront ou diront de mon livre, de son contenu, de ses révélations. J'ai relu plusieurs fois le livre et je revivais les émotions du passé. Je sautais des paragraphes trop durs pour moi. Mais je voulais le lire, afin que, si on me parlait du contenu, je puisse donner des explications. Je me suis demandée comment j'avais pu écrire certaines phrases d'amour et de colère, dans quel état j'étais pour les écrire.

À chaque demande de commande pour mon livre, je stressais.

Le lundi, je suis allée en formation au bureau, avec la maquette. J'ai demandé à la responsable d'agence si je pouvais parler de mon livre. Quand j'ai pris la parole, trop émue, je n'arrivais pas à parler. Je ne trouvais pas mes mots, j'avais la gorge nouée et j'avais envie de pleurer. La responsable a terminé de parler à ma place. J'ai eu quelques commandes. Les personnes qui m'aiment bien, ont commandé, pour m'encourager. Depuis que j'ai sorti mon livre, j'ai vraiment reconnu les personnes qui m'appréciaient et celles qui ne m'aimaient pas. J'en ai eu la confirmation, même sur Facebook. Maintenant, je vais faire attention.

La vie nous apprend beaucoup. Je ne cherche pas à savoir les raisons de leur réticence concernant mon livre et c'est leur choix, je le respecte. En contrepartie, je leur demande de respecter les miens. Pour te faire des ennemis, il suffit d'écrire un livre en écrivant ce que tu penses, ce que tu ressens, tu racontes la vérité. Le grand homme Martin Luther King a écrit :

— Pour se faire des ennemis, pas la peine de déclarer la guerre, il suffit de dire ce que l'on pense.

C'est vraiment une vérité.

Quelques jours plus tard, j'étais dans ma voiture, il faisait très chaud, 36° ce jour-là Je me suis mise sous un arbre, j'ai ouvert les vitres de ma voiture, et j'ai téléphoné au biographe pour avoir des renseignements sur mon manuscrit. Elle me dit :

— Bravo, c'est bien ce que vous avez écrit. J'aime votre style, je vous téléphone quand j'aurai fini.

Nous avons fixé un rendez-vous pour finaliser le travail. Après notre coup de téléphone je suis allée faire ma démonstration, chez une ancienne cliente, pour lui montrer notre nouveauté. Quand je suis arrivée, elle n'était pas encore là, il y avait sa maman avec sa petite-fille. Nous avons discuté de tout et de rien en attendant. Elle est Ivoirienne, nous avons parlé des souvenirs du pays. Nous étions en pensée là-bas. Cette dame m'a fait rire en disant des expressions de notre pays. Abidjan, le grand marché de Treichville. Sa fille est arrivée, puis une copine. J'ai démontré le nouveau produit, puis je suis rentrée.

Des semaines après, je suis allée chez le biographe. Nous avons travaillé sur le manuscrit. Elle m'a encore posé des questions pour finaliser le texte et l'a envoyé à l'éditeur. Je suis allée chez lui pour payer le solde. Il avait besoin d'une photo en papier de bonne qualité. Je lui en ai fourni une, du coup, j'en ai ramené deux. La suite vous le savez. J'attendais la réaction du public. Je voulais vraiment que les gens apprécient mon livre. En même temps, j'avais peur que ça ne plaise pas. Dans le doute, j'ai téléphoné au biographe. Elle m'a encore rassurée du travail fait, en confirmant que l'histoire de mon livre est belle et me demanda de l'informer de la suite.

L'imprimeur et moi communiquions par e-mail, c'est vraiment très pratique. Il m'écrivit, que j'aurai mes livres dans deux semaines. À chaque fois que j'avais des commandes selon la personne, je relisais un peu ma maquette, je l'ai donné à lire à Fafa Il a lu un peu et trouva que c'était bien, il m'a dit :

— Tant que c'est la vérité, pourquoi je dirai quelque chose. Je pense que tu dis la vérité parce que tu détailles et tu m'as toujours raconté la même version des choses. En plus, tu as bien fait d'écrire, mais tu n'as pas tout écrit.

— Quoi par exemple.

— As-tu oublié le jour, où ton cousin et ta soeur t'ont convoqué chez ton frère, pour te parler. Ils m'ont dit de rester en bas dans le quartier, de ne pas venir avec toi. Après, tu m'as expliqué le contenu de la réunion.

Je lui ai répondu :

— Je ne peux pas tout écrire, il y a trop de choses à raconter.

La semaine avant la sortie de mon livre, nous avons eu un sujet de conversation très intéressant. Il disait qu'il ne comprenait pas. Nous avons analysé le rôle de plusieurs personnages de mon livre. Pour lui, mon copain d'enfance m'a lâché, il n'a pas été à la hauteur.

— Tout le monde t'a abandonné, j'imagine dans quel état d'esprit tu devais être. Je pense qu'aujourd'hui, telle que tu es, tu n'accepterais pas cette situation. Tu as beaucoup évolué, tu n'es plus la même personne. Tu les enverrais tous sur les roses, la vente t'a beaucoup fait changer. Je ne comprends pas pourquoi tu parles encore à certaines personnes de ton livre. Tu ne dois plus avoir affaire à eux. Ce sont des bandes d'hypocrite.

Il me disait qu'il ne les sentait pas. Dès notre rencontre, Fafa passa des heures à m'écouter, il ne parlait pas beaucoup, j'ai eu le temps de raconter mon passé pourri. Il me disait aussi la même réponse. Moi-même je ne comprenais pas. La seule chose que je sais aujourd'hui c'est que je suis responsable de mes déboires.

Mon rôle de grand-mère

Je suis allée chez mon fils pour m'occuper de mes petits-enfants, de 2 ans et demi et 10 mois. J'étais très chargée comme d'habitude. Je ne sais pas voyager léger. J'avais beaucoup de bagages. En plus, j'avais pris un carton de livres, qui pesait très lourd. Ma belle-fille était très pressée de le découvrir et de le lire. J'en ai pris un dans ma valise et je lui ai donné. Elle a commencé à lire. J'ai assisté en direct à ses réactions et ses commentaires, au fur et à mesure qu'elle lisait. C'était très marrant. Elle disait que, mon livre était prenant, quand on commence on ne le lâche plus, on veut savoir la suite. C'était très intéressant de vivre ce moment de bonheur.

Le lendemain de mon arrivée, ma fille est venue avec ses deux enfants. J'avais quatre petits enfants à garder. Toute la semaine je me suis occupée d'eux, mes petites princesses adorables. J'avais perdu l'habitude, mais le naturel revient au galop. Nous sommes allées souvent au parc, où j'ai rencontré beaucoup de nounous. Des dames ivoiriennes, qui faisaient leur métier. J'étais très étonnée du nombre de femmes ivoiriennes que j'ai vues au parc pendant mon séjour. J'ai causé avec quelques-unes. Ces dames ont remarqué que j'étais nouvelle. Je posais des questions sur leur travail, en leur disant qu'elles avaient du mérite. Elles m'ont raconté beaucoup d'anecdotes sur leur métier. Elles étaient plus souvent avec les enfants que leurs parents et les considéraient comme si c'étaient les leurs. Elles s'attachaient aux enfants, malgré les interdits c'était la place des parents.

Elles m'ont aussi raconté le bon côté et le mauvais côté de leur travail. D'autres parents étaient plus exigeants. Je leur ai demandé si elles avaient vu le film sur les nounous, *la couleur des sentiments*. Un très beau film, la nourrice aimait plus l'enfant que la vraie maman et disait toujours cette phrase à la petite fille : *Tu es belle, tu es merveilleuse, tu es intelligente.* Mais les nounous n'avaient pas vu le film.

Je les ai félicitées pour leur courage et leur patience. Je leur ai dit que j'étais dans la vente, je suis venue garder mes petits-enfants pendant deux semaines, ceux de mon fils et de ma fille. Tous les jours, j'allais au parc et je discutais avec elles jusqu'à mon départ.

À la fin de la semaine, mon fils et ma belle-fille m'ont proposé de venir avec eux dans le Nord. Nous avons pris le TGV, le vent était froid malgré la saison d'été. La belle-mère de mon fils est venue nous chercher. Sur la route, nous avons vu la belle-sœur de mon fils, la famille venait de l'Angleterre. La conductrice me demanda :

– Alors tu as écrit un livre ?

J'ai commencé d'expliquer la chance que j'ai eue de rencontrer une dame dévouée qui a trouvé mon texte très intéressant. Voilà pourquoi j'ai pu éditer mon livre. Nous sommes tous arrivés ensemble à la maison. Il y avait beaucoup d'enfants et d'adultes. La grand-mère était là aussi. Les mêmes questions revenaient, *alors tu as écrit un livre*. Une des belles-sœurs de mon fils l'a acheté. Elle faisait partie des premières commandes. Je l'ai remerciée. La grand-mère m'a dit qu'elle ne lisait plus, mais elle en a acheté un aussi. J'étais très contente. J'ai téléphoné à une amie de longue date, qui habite dans la région, pour lui dire je suis dans son secteur et je repartais demain. Elle aussi m'a parlé de mon livre. Je lui ai dit que j'en avais avec moi. L'amie est venue me chercher pour aller chez elle. En route, nous avons raconté le passé, comment nous nous sommes rencontrées.

La copine avait une bonne mémoire. Elle se rappelait des faits en détail, me parlait des personnes que j'avais oubliées. Nous venions chez vous, je voyais les enfants, il y avait de l'ambiance.

Quand nous sommes arrivées, son mari est venu me saluer, content de me voir, après plus de seize ans que nous ne nous étions pas vus. Nous avons abordé de vieux souvenirs.

J'ai dédicacé le livre. Nous avons bu et discuté ensemble et elle m'a accompagné chez les beaux-parents de mon fils, où j'ai passé un agréable séjour. La maîtresse de maison très douée en cuisine nous a préparé de bons petits plats. J'étais épatée de découvrir ses recettes. Quand je voyais les ingrédients, j'imaginais la recette, mais j'en découvrais une autre très bonne, réalisée différemment avec les mêmes ingrédients. La mangue en entrée par exemple. Le poisson en ragoût de pomme de terre. Pendant que la belle-mère de mon fils cuisinait, je discutais avec la grand-mère. Elle me racontait des histoires très intéressantes. Comment elle prenait soin des vêtements qu'elle avait, ceux du dimanche et ceux de tous les jours. Elle repassait soigneusement les habits. La journée s'est bien passée. Le lendemain matin, nous avons pris le petit-déjeuner, puis nous sommes allés marcher et avons fait un grand tour pour visiter la ville. Le paysage était magnifique, il y avait beaucoup de cours d'eau et de petits lacs, c'était verdoyant et très joli à voir. Nous avons fait des photos. La belle-sœur est très professionnelle sur le sujet, c'est sa passion. Les photos prises étaient magnifiques. L'air pris en marchant nous a fait du bien et ouvert l'appétit. Arrivées à la maison, nous avons mangé. À 17 h j'avais rendez-vous avec une autre copine. Nous étions très contentes de nous retrouver. Dans notre métier de ventes à domicile nous rencontrions beaucoup de monde et nous tombions sur des personnes formidables. Pendant notre discussion, mon fils est venu me chercher. L'heure du train approchait pour partir. Nous nous sommes quittées. Nous nous téléphonerons lorsqu'elle aura lu mon livre. À la gare, j'ai demandé à mon fils de me faire des photos en souvenir. Le trajet n'était pas long. Nous sommes arrivés à Paris, j'étais contente de ce week-end passé dans le Nord. Je suis rentrée chez nous dans le sud-ouest après une semaine de garde de mes petites princesses adorées.

La remise du travail m'a remis sur les rails, j'avais des démonstrations dans la semaine et je devais aller signer les ventes des personnes qui m'ont téléphoné quand j'étais à Paris. Comme je vois beaucoup de monde, c'est plus facile pour moi de vendre mon livre. En une journée j'en ai vendu sept et j'ai eu un pourboire. Lundi matin je suis allée au bureau en formation. Ma fille de Bordeaux est venue prendre ma voiture et les livres commandés de ses collègues.

Je me suis rendu compte, que j'étais devenue une conteuse d'histoires, J'ai alors commencé à écrire sur mon blog, à propos de sujets qui me passionnent.

Triste nouvelle et pensées philosophiques

Je me couche tôt comme d'habitude, dans la nuit, vers deux ou trois heures du matin, je me réveille. Je lis et j'écris. Vous le savez maintenant, j'aime beaucoup écrire et lire. La première chose que je fais, je prends mon IPad pour regarder sur Facebook et mes emails. Je fouille partout pour savoir les nouvelles, car les personnes qui me connaissent savent que je ne regarde pas la télévision. Donc, la seule façon d'être au courant, c'est de regarder mon IPad. Mes deux amis qui ne me quittent jamais, le portable et l'IPad. Mais cette nuit, une tragique nouvelle tombe, notre sœur, la fille cadette de notre maman venait de rendre l'âme.

Je tremble, je relie encore les phrases écrites par ma troisième sœur LK. Il est 2 h 30 du matin, je réponds aux messages. Nous échangeons quelques phrases, puis LK m'écrit, qu'elle n'a pas assez de réseau.

J'appelle ma sœur aînée, qui me rappelle. Nous passons toute la nuit à parler. Je suis triste et en colère. Je ne trouve pas les mots pour exprimer la peine que je ressens. Je n'arrive pas à crier, ni même à pleurer. J'ai un nœud dans la gorge, toute la journée, je n'ai pas pu boire ni manger. Vers 13 h, j'ai ouvert le réfrigérateur, j'ai mangé une carotte, ce fut mon seul repas je n'ai mangé que ça. J'en ai donné un morceau à mon chien Milou, il aime manger tout ce que je mange, même les amandes et la mangue.

Des idées me passent dans la tête. Je réfléchis à des choses, des faits et des situations. Tout s'embrouille. Ma sœur aînée et moi communiquons toute la journée. Elle habite à une heure de chez nous. Mon portable ne sonne jamais, je n'en connais pas la raison, certainement un mauvais réglage, alors je rappelle à chaque fois que je vois des appels.

Aimons-nous vraiment pendant que nous vivons, car la vie est courte. Vivons pleinement sur cette terre, surtout, laissons la haine derrière nous. Vivons le présent et le futur avec amour et compassion, car nous ne savons pas le jour, où nos proches nous quitteront. En dépit de nos indifférences, l'homme est fait pour aimer son prochain, tout simplement. En aimant, nous nous sentons heureux.

Discours au mariage de ma sœur la jolie

Notre sœur la jolie, c'est ton surnom. Tu étais tellement belle, beaucoup d'hommes voulaient de toi, mais lorsqu'elles sont belles, c'est difficile de choisir le prince charmant. Tu nous faisais rire, quand tu disais :

– Si un homme veut me faire la cour, je lui demande de me montrer ses orteils.

Nous répondions, *pourquoi ses orteils* ?

Nous avons beaucoup rigolé à l'époque en racontant nos histoires sur les hommes. Notre copine Ange en connaissait aussi de très belles.

Les années ont passé, après ton séjour à Paris en 1988. Tu es repartie en Côte d'Ivoire. Je voulais que tu restes ici en Europe, j'ai respecté ton choix, il était noble. Pendant ton séjour au pays, tu nous as enfantée une merveille. Tu l'appelles *petit cœur*. En 2010, tu es revenue en France. Tu es restée courageuse en gardant tes rêves et ta joie de vivre en dépit des épreuves. Tu vas avoir 58 ans, tu as rencontré l'amour, le vrai, celui qui te pousse à déplacer les montagnes. Je suis très fière de toi ma sœur chérie et très contente pour vous. Je vous souhaite toutes mes félicitations et soyez heureux.

Toutes les situations bonnes ou mauvaises, concourent au bien de ceux qui aiment.

Le bonheur se cultive et la chance se provoque, il y a un temps pour tout, même pour accomplir ses rêves. Tu peux compter sur moi. Je serai là pour toi. À ces moments de bonheur, dis à toutes les personnes, de toujours croire sans douter. Le meilleur est toujours devant nous en dépit de tout. Vivent les mariés !

Naissance de ma petite-fille :

Mon fils m'annonce la future naissance. La joie m'envahit aussitôt et j'attendis avec impatience l'arrivée du bébé, dans un bonheur inexplicable en dépit de tout. Les souvenirs resurgissent.

Les jours et les mois passent. Un matin, le portable sonne, cet ami fidèle est toujours à mes côtés, il ne me quitte jamais. Quelquefois, Fafa est très content quand je l'oublie.

Ce mercredi 20 janvier 2016, il sonne, je réponds vite, je crie de joie et je pleure de bonheur. Notre petite princesse est née et se porte très bien. Félicitations aux parents. Sa soeur aînée me dira le lendemain :

– C'est moi qui ai vu ma soeur la première.

Souvenir de la Chandeleur

La première fois que j'ai mangé des crêpes, j'ai trouvé ça très bon. C'était en septembre 1975.

Nous avions été invités par une famille du nord de la France. La gentille dame a réalisé des crêpes. Quel bonheur de découvrir ses crêpes, bien préparées. Elles étaient moelleuses, fines, délicieuses et en plus, accompagnées avec de la cassonade et de la confiture faite maison. Nous avons bu du cidre. Aujourd'hui, j'y pense encore. Cette sortie du dimanche, avec cette famille, un simple partage autour des crêpes. J'ai demandé la recette aussitôt, et c'est parti. Souvent, je préparais des crêpes très épaisses pour mes enfants. Une fois qu'ils en ont mangé trois, ils étaient déjà très bien rassasiés.

Le matin, avant d'aller au lycée, les enfants réalisaient eux-mêmes de bonnes crêpes et les mangeaient avec une pâte à tartiner. Depuis, ils sont devenus des spécialistes de crêpes. Même le dimanche nous faisions des crêpes party, salées-sucrées. La tradition oblige. C'est la chandeleur, faites sauter les crêpes mes amis et bonne journée. Une coutume de la Chandeleur consistait à tenir une pièce d'or dans la main gauche, tandis que de la droite, on faisait sauter la première crêpe. Si la crêpe tombe correctement retournée dans la poêle, on ne manquera pas d'argent pendant l'année.

Quelle aventure

Je dois prendre le train, pour aller voir une copine.

Mon fils m'accompagne à la gare. Dans le métro, il me montre comment faire pour visionner des anciennes vidéos, lorsqu'ils étaient petits, à partir d'une clé USB, et où je dois mettre l'écouteur. Une dame nous regarde, elle a compris la situation qui se déroulait devant ses yeux et nous dit :

– Que c'est mignon !

Je réponds, merci.

– Tu vois maman, c'est comme si tu regardais, une histoire vraie dans un film.

Nous arrivons à la gare et achetons les billets aller et retour à la machine. Mon fils m'accompagne au train régional. Sur le quai, il me donne des consignes :

– Surtout, n'oublie pas de descendre à Audruicq.

– Oui, ne t'inquiète pas.

Je m'installe tranquillement dans le train. Je fais une petite mise en beauté, comme d'habitude avant de prendre mon portable.

Je regarde un peu sur Facebook et je me mets à écrire la suite de mes mémoires pour m'occuper. Je suis à fond dans mes pensées. Mon téléphone sonne, je réponds, c'est ma copine qui me demande :

– Tu es où ?

– Je suis dans le train.

– Il vient juste de passer.

– Ah, ce n'est pas possible, et le prochain arrêt, c'est où ?

– C'est Calais.

Je coupe la ligne. Je suis prise de panique. Je vais aussitôt trouver les contrôleurs, qui sont assis à l'arrière du train. Je leur pose la question.

– Je vais à Audruicq.

Les contrôleurs me confirment que nous avons bien dépassé la ville, mais ils peuvent me faire un billet pour retourner et rajoutent :

– Ça arrive souvent aux passagers qui dorment, ils loupent leur destination.

Je rigole avec eux, puis je me dis :

– Ce n'est pas possible, comment j'ai fait pour oublier de descendre à Audruicq ?

Je repars à ma place et demande à mon voisin, qui me confirme, que l'arrêt, n'a pas été annoncé.

– Il y a 20 mn pour arriver à Calais. Ce n'est pas long, je descends, le soleil est au rendez-vous, ce mois de février, dans le Nord.

Cette année-là, il y a eu un temps printanier dans toute la France.

Je fais des photos, en attendant ma copine. Je téléphone à Fafa et à ma fille. Je n'ose pas prévenir mon fils. Une demi-heure après, ma copine arrive. J'étais honteuse, mais je me suis mise à rire.

Nous discutâmes tout le long du trajet et je lui explique :

– Je vais raconter cette histoire rigolote sur Facebook. Oublier de descendre du train un samedi matin et se retrouver à Calais, il faut le faire !

Nous arrivons chez ma copine, elle et son mari cuisinent du saumon et du riz, avec une sauce blanche. Le couple termine de préparer le repas. Quel délice, le poisson est très bon. Nous mangeons en discutant et nous abordons le sujet sur le régime et les kilos, et je lui dis que je consomme un citron vert par jour. Peut-être est-ce une des raisons qui me fait rester mince.

Après le repas, nous avons pris mon IPad pour mettre le code wifi. Nous avons essayé plusieurs fois. Nous n'avons pas réussi.

Nous sommes allées sur l'ordinateur chercher des promotions, pour pouvoir commander les produits lorsque j'arriverai chez moi.

Le gros chien de ma copine saute dehors, il a de la place. Il est très beau et très impressionnant. J'essaye de le filmer et prendre des photos.

Son mari nous photographie, à plusieurs endroits, même au poulailler, avec les poules et le coq.

Vers 15 heures, nous prenons la route pour aller chez un ancien client JB. Nous passons à côté de mon ancienne rue. Je regarde de loin, ça n'a pas changé. Derrière notre ancienne maison, des logements individuels ont été construits.

Le quartier est différent il y a moins d'espace vert. Nous prenons la porte du soleil. Ma copine roule doucement, pour que je regarde partout, comme si je n'avais jamais habité cet endroit.

Nous arrivons chez JB, je ne reconnais pas la maison de mon ancien client. Ce monsieur continue d'acheter le même produit à ma copine, depuis des années.

Nous sonnons à la porte, JB ouvre. Il est étonné de me voir, après seize ans passés.

– Vous n'avez pas changé, me dit-il.

– Vous non plus.

Je le détaille et trouve qu'il est resté jeune. Nous restons chez eux plus d'une heure. Sa femme est au travail, il nous montre les albums de photos, très beaux et bien réalisés de leur mariage. Il nous explique comment il a rencontré son épouse. Un bel hasard et beaucoup de chance ce jour-là.

Je lui fais mes compliments.

– Votre femme est d'une beauté extraordinaire.

Il nous propose un café, un thé ou du jus de fruits. Je choisis le jus d'ananas, qui me rappelle la Côte d'Ivoire.

Je lui parle de mon livre, *Une Vie Volée*. Il me propose d'en parler à mes connaissances de Dunkerque. Je vais aussitôt en chercher quelques-uns dans la voiture.

Retrouvailles avec des copines de longue date

Nous sommes parties de chez lui vers 16 h 30. En route, je téléphone à Adèle, une connaissance, de longue date, elle me dit qu'elle va à Emmaüs.

Ma copine connaît l'endroit. Dès notre arrivée, je téléphone à Adèle, qui sort du magasin et vient à ma rencontre.

Nous nous saluons, avec émotion, puis nous nous regardons. Adèle n'a pas changé après seize ans.

Quel bonheur, de nous retrouver. Nous rentrons dans le magasin. Un monsieur me fait un compliment sur mes chaussures de couleur rouge, je le remercie.

Nous faisons un tour dans les allées, ensuite nous sortons. Ma copine me quitte et part chez elle.

Je reste avec Adèle. Nous montons dans sa voiture, son ami conduit. Elle appelle sa fille et lui dit :

– Je suis avec tatie Henriette.

Adèle me tend le portable.

– Je sens par la voix de ma maman, la joie des retrouvailles.

Que du bonheur après des années. Nous partons chez elle, nous arrivons dans son quartier où de nouvelles maisons ont été construites.

Nous rentrons dans la maison. Adèle me montre son salon, sa cuisine et son jardin. Nous réalisons encore des photos dehors.

Je téléphone à une autre amie Jane. Nous avons rendez-vous au café de la place Jean Bart.

Jane me dit :

– Pouvons-nous plutôt nous retrouver à la gare de Dunkerque ?

– OK, Nous arrivons.

Rencontre avec Jane

À la place de la gare, nous attendons quelques minutes dans la voiture. Nous continuons à discuter, tout en regardant partout. Cette place, où je suis passée plusieurs fois sans trop observer le détail des bâtiments.

Tout me semblait beau, de loin nous apercevons Jane, qui attendait juste devant la gare, près de sa voiture. Une grosse Mercedes, très jolie et agréable à conduire, même après plusieurs années.

Je mets mes bagages dans le coffre. Je monte côté passager. Jane s'arrête au centre commercial où nous faisons des courses. Sans le savoir, je reconnais les marchandises. Du manioc, de la banane plantain, des mangues, beaucoup de produits exotiques.

Je demande à Jane :

– C'est le Grand Frais ?

– Oui.

– Je comprends mieux.

– Tu as envie de manger quelque chose de spécial ?

– Non, une simple salade me suffira.

– Moi aussi.

En route, dans la voiture, nous causons de nos amours. Ce sont des sujets passionnants de la vie courante et les souvenirs du passé.

Nous partons à la campagne chez Jane, que je connais très bien, j'y suis allée plusieurs fois.

Cette fois, je remarque que le paysage du nord de la France est différent de celui du Sud-Ouest. C'est presque la fin de l'hiver, les arbres ont perdu toutes leurs feuilles.

Chez Jane, nous continuons à causer en préparant la salade. Nous buvons une bouteille de champagne à trois en apéritif. Nous abordons le sujet des élections, celui qui divise et qui énerve.

Cette fois, nous sommes d'accord, donc pas de tension entre nous.

Il est 23 h, l'heure de se coucher, après une journée remplie d'émotions.

Jane me propose d'aller à la messe dimanche matin, j'accepte. Nous montons dans les chambres. Mon lit est déjà fait. Tout est beau chez Jane. Elle me montre où je dois aller aux toilettes.

C'est très important les toilettes. Je me réveille souvent la nuit, pour y aller. Je suis rassurée et je passe une bonne nuit. Je me réveille tôt pour écrire, lire et méditer un peu en attendant que le couple se réveille.

Vers 7 h 30, Jane se lève. Nous descendons à la cuisine prendre le petit-déjeuner.

– Tu veux du café ou du thé ?

– Non merci ni café ni thé. Habituellement je bois du chocolat au lait, mais ce matin, ce sera un fruit.

Jane me donne un pamplemousse. Je me régale en continuant à discuter. Nous avons tellement de choses à nous dire.

Mon téléphone sonne plusieurs fois, je regarde mais je ne réponds pas. Trop occupée à discuter. Les sujets sont trop passionnants.

Mon téléphone sonne encore. C'est ma sœur LK qui me laisse un message oral.

Je ne peux pas répondre. J'attends le bon moment pour la rappeler.

Nous sommes prêtes pour aller à la messe. Dans la voiture j'écoute mon répondeur et apprends par ma sœur le décès de notre frère.

Je la rappelle aussitôt. Nous discutons quelques minutes. Je n'arrive pas à le croire. Mourir à 63 ans, quelle tristesse…

Les souvenirs de son passé me reviennent. En novembre 2016, mon frère me téléphone deux fois. Je suis étonnée de son coup de téléphone.

Il me dit :

– Je suis malade. Je vais venir en France me soigner. Quand je serai là, je viendrai vous visiter et vous réconcilier, pour faire la paix entre nous. De réaliser des projets ensemble. Nous sommes nombreux. Nous pouvons entreprendre de bonnes choses.

Nous arrivons à l'église du village. Pas de messe. Nous demandons à un passant, où elle se déroule. Le monsieur nous indique le lieu, l'église était grande et très belle. La messe a déjà commencé depuis plus de 15 minutes.

J'avance jusqu'à l'autre côté de l'église à ma gauche. Nous prenons notre place devant les familles endeuillées. Je suis à l'aise, j'assiste à la messe tranquillement. Jane est gênée à cause des places. Après la messe, Jane m'explique que nous étions assises à la place des familles endeuillées.

– OK, je ne savais pas, je comprends, lui ai-je répondu.

Nous sortons de l'église pour aller à la boulangerie du quartier. Jane achète des petits gâteaux très bien préparés. J'en ai l'eau à la bouche simplement en regardant la vitrine. Jane me demande mon choix. Je choisis une tartelette à la framboise, Jane prend une religieuse et deux éclairs au chocolat.

Nous demandons à la vendeuse de nous photographier.

– Oui, avec plaisir mesdames, répond celle-ci.

Nous sortons devant la boulangerie, en plein soleil. Les photos sont magnifiques, ce dimanche est magique.

Le repas se déroule tranquillement, après le dîner, je revisite le domaine de Jane, cette belle propriété où je suis venue plusieurs fois à l'époque, sans trop la regarder. Cette fois, tout me semble nouveau. Je regarde en détail, je remarque le petit lac avec des arbres autour, la lumière du soleil, le reflet des arbres dans l'eau. Un lapin court de l'autre côté.

Jane me demande :

– Peux-tu rester encore quelques jours chez nous ?

– Je dois m'occuper de mes petites-filles et rentrer ce soir. Mon fils et ma belle-fille m'attendent. Je peux téléphoner pour demander si je peux rester encore une nuit.

J'appelle mon fils :

– Allô Fiston, c'est maman. Je suis encore chez ma copine. Est-ce que, je peux rester cette nuit et repartir demain matin ?

– Oui, tu peux. Nous sommes en Belgique à Bruges. Nous rentrons ce soir.

– Et mon billet de retour, est-il encore valable ?

– Il est valable toute la semaine.

– D'accord, tout se passe très bien. Je serai là demain. Bisous à vous.

Le téléphone sonne, une copine de Jane propose de se retrouver à la plage de Malo-les-bains.

Nous partons directement après le repas. Nous sommes contentes. Je ne pense plus à la nouvelle de ce matin, ou je ne veux pas y penser. Je continue à apprécier les moments présents avec Jane et sa copine, qui vient aussi de perdre son frère. L'enterrement a eu lieu cette semaine. En France les obsèques se passent très vite.

J'explique à Jane :

– En Côte d'Ivoire, les cérémonies peuvent quelques fois prendre du temps, des jours, des semaines, ou des mois. Souvent pour réunir, de l'argent et les personnes qui viennent de loin.

Ce dimanche ensoleillé, attire du monde à la plage. En marchant au bord de l'eau, nous abordons plusieurs sujets, tout en regardant le visage des personnes, comme si j'avais l'espoir de reconnaître quelqu'un, après tant d'années passées.

Après 19 ans, Jane m'avoue sa peur pour moi, dans cette aventure avec Fafa. Elle n'a pas cru à notre histoire.

J'explique que moi aussi, j'ai douté. Vu comment la situation se déroulait par le comportement de Fafa, qui ne prenait pas de décision. Je n'y croyais plus, mère de sept enfants, refaire sa vie. Se remarier avec l'homme qu'elle aime, en dépit de tous les obstacles rencontrés.

La copine de Jane, a eu plusieurs enfants. Ses enfants sont un peu partout dans le monde, comme moi. Nous avons des points communs. Je suis très contente de l'avoir revue.

La voiture est stationnée sur le parking en face de la patinoire, que je prends en photo pour montrer à ma fille.

La copine de Jane nous quitte. Jane et moi rentrons à la maison, en passant par la ville de Dunkerque, qu'elle me fait visiter. Les nouveautés sur le port, le pont, les bateaux, les voiliers et les immeubles construits récemment. Jane est fière de m'expliquer tous les changements. Nous passons devant l'église Saint Eloi, puis, la rue principale et commerciale avec la place Jean Bart.

Visite surprise avec Berthe

Nous continuons vers Saint Pol, direction la rocade en construction. Nous voyons dans la rue des personnes déguisées. C'est la période du carnaval de Dunkerque. Jane roule doucement, je continue à regarder partout, une très belle promenade.

Nous arrivons à Coudekerque. Jane prend une rue, stationne sa voiture et me dit : *Va sonner à cette porte.*

Je reconnais la rue d'une autre copine. Je descends de la voiture, vais jusqu'à la porte et je sonne.

Un monsieur regarde par la fenêtre, je demande après Berthe.

— Berthe est à la messe, me dit-il.

— Elle arrive à quelle heure ?

— Vers 19 h.

— Bon.

Je me présente, en disant, mon nom et mon prénom. Il ne m'avait pas reconnue avec mes lunettes.

— Quelle belle surprise, rentrez !

Je vais chercher Jane à la voiture et nous rentrons. Le mari est très étonné de me voir après tant d'années, en fait depuis leur mariage.

Nous discutons de tout et de rien en attendant Berthe.

Je lui demande, comment ça se passe avec l'appareil, acheté en 2001. Il m'avoua :

– Nous ne l'utilisons pas. Nous l'avons rangé dans le placard.

– C'est dommage, vous pouviez réaliser beaucoup de recettes avec ce robot. Le nouveau est encore plus fabuleux.

– Oui, mais ça ne sert à rien d'en acheter un autre.

– C'est vrai, avez-vous du lait, des œufs, du sucre, de la maïzena et du chocolat ? je vais vous réaliser rapidement, une crème dessert délicieuse aux deux saveurs, en moins de dix minutes.

Nous allons à la cuisine. Je me mets à préparer ce dessert. Il me montre son pain fait à la main. Je lui dis :

– Vous pouvez aussi réaliser la pâte dans votre robot sans difficulté.

– Ah bon !

La porte s'ouvre. Berthe rentre chez elle. Qui voit-elle ? Jane et moi dans la cuisine avec son époux. Elle nous regarde étonnée et se met à rire de bonheur en nous embrassant.

– Quelle surprise ! Ça fait si longtemps, comment vas-tu et ton mari, les enfants, les petits enfants. Tout va bien ?

– Oui, j'ai perdu mon portable. Je n'arrivais plus à vous joindre. Jane m'a fait une belle surprise. Je suis très contente de vous retrouver.

Nous réalisons de nouveau, plusieurs photos. Je prends son numéro de portable. Nous restons encore un peu et nous rentrons chez Jane.

Retour chez Jane

Arrivée chez elle, Jane me propose de voir son stock de vêtements de son ancienne boutique. Elle connaît ma faiblesse, j'aime la mode et les accessoires qui vont avec comme beaucoup de femmes dans le monde.

Jane me dit :

– Tu peux tout essayer, mets de côté, je te fais un prix.

Jane vendait des habits de grands couturiers, de jolis ensembles. Il y a ma taille, la soirée se déroule agréablement bien.

Jane cuisine le repas du soir, je la rejoins chaque fois, pour lui montrer les essayages, elle me dit immédiatement si ça va ou non, elle me montre des ensembles. J'en repère un bleu, la robe et la veste.

Je lui parle du mariage de ma sœur LK et lui demande si je peux porter cet ensemble avec mes bottillons rouges.

– Oui, tu peux.

Mon choix est fait, pour ce jour-là.

Nous mangeons, restons un peu à la cuisine, puis nous montons nous coucher. Le lendemain matin, c'était le départ pour Lille. J'ai passé un agréable séjour dans le nord de la France avec mes copines.

J'arrive à Lille, je prends le métro. Une fois chez mon fils et ma belle-fille, j'embrasse mes deux petites princesses.

Le paraître

À l'adolescence, je n'avais pas de poitrine, j'étais complexée et en classe, j'avais honte de dire mon âge.

J'ai toujours eu honte de dire mon âge, à vrai dire, j'ai passé ce cap de la honte, depuis peu.

Une fois, au travail, une collègue me demande :

– Quel âge as-tu ?

Je lui réponds :

– J'ai 60 ans.

Elle me repose la même question, comme si je n'avais pas entendu.

Je lui dis :

– Je vais avoir 61 ans en octobre.

– Six et zéro ? Tu fais 10 ans de moins, tu ne fais pas ton âge.

– Oui

Je me mets à rire, et nous rigolons ensemble.

Quelques fois, je ne dis pas la vérité, ça dépend qui, me pose la question, parce que certaines personnes me prennent la tête. Ça mérite une explication.

Depuis que j'ai écrit mon premier livre, je dis la vérité sur le nombre d'enfants que j'ai. Avant, je disais toujours, j'ai trois enfants, pourquoi ? Parce que je n'aime pas répondre à cette question. Si je dis le nombre, c'est toujours pareil, les personnes commencent à me dire :

– Comment as-tu fait pour rester mince avec le nombre d'enfants que tu as eu, comment as-tu fait pour rester si jeune, tu n'as pas de ventre.

Je suis gênée. Une autre question ou affirmation, que je n'aime pas non plus.

– Tu as maigri.

Je réponds :

– Je suis une fausse maigre, j'ai pris 10 kg.

Quand je suis arrivée en France, je pesais 50 kg. Aujourd'hui, je suis entre 58 et 60 kg. Le poids ne veut rien dire. La phrase, *tu as maigrie* m'inquiète un peu.

Heureusement, que mes analyses de sang sont bonnes. Ma fille Lore, est bien placée pour aborder ce sujet.

Mariage d'un de mes fils

Le jour du mariage de mon fils et ma belle-fille, ce ne fut que du bonheur. Je suis contente, contente, contente…

Le premier jour que Mik est venu chez nous avec Nana, mon instinct de mère a vu juste. C'était la femme de sa vie.

Nous nous retrouvons ensemble, pour fêter cette belle union et en faire une journée mémorable. Merci à vous, nos invités, venus de partout pour partager cette immense joie.

Anecdote

En 2013, Mik, Nana et moi étions ensemble en Nouvelle Calédonie. Nous avons passé un très bon séjour à trois. Nous avons fait ensemble, des choses extraordinaires.

Un jour, nous sommes allés sur l'île des Pins. Quand nous sommes arrivés, il y avait un grand bateau de vacanciers, qui venait d'accoster.

Nous avons assisté au spectacle. Ils nous ont pris pour des touristes. Nous avons mangé leur spécialité kanake, *le Bougna* au bord de l'eau. Après, nous sommes allés à la plage nous détendre et prendre des photos de cette magnifique journée sur l'île.

Le soir en rentrant chez nous à Nouméa, une grève sur la vie trop chère bloquait toute circulation. Plus de bus, ni autres moyens de transport pour rentrer, sauf les taxis, mais ils étaient trop chers. Nous avons alors décidé, de faire de l'auto-stop.

Une aimable dame nous prit à Nouméa et nous descendit vers l'autoroute, où nous avions plus de chance de trouver une personne pour continuer. J'avais un peu peur, pas trop avec la dame. À l'autoroute, Mik fit signe aux voitures qui passaient. Aussitôt, il y en a une qui s'arrêta, Mik courut vers la voiture et nous appela.

Je regardai le visage du conducteur et je dis à Nana :

– Non, je ne monte pas dans la voiture de ce barbu. J'ai peur.

Mik répond :

– Viens maman, dépêche toi, monte dans la voiture !

Morte de peur, et inquiète, je regardais partout, il ne fallait pas se fier aux apparences.

Le chauffeur au volant, discuta gentiment avec nous, sur tous les sujets. Mais j'étais pressée de descendre. J'ai eu peur pour rien. Lorsque le chauffeur nous a déposés et est reparti, nous nous sommes mis à rire. Nana disait en m'imitant :

– Non, je ne monte pas dans la voiture de ce barbu.

Nous avons beaucoup ri.

La peur, anecdotes et pensées philosophiques

Savez-vous, que je suis une grande peureuse, mais la peur me pousse parfois à agir positivement.

Fafa me dit souvent :

– Tu es une grande peureuse.

– Oui je suis peureuse.

Quand j'étais très jeune, j'avais peur de beaucoup de choses, des petites bêtes, des vers de terre ou de rester seule dans une maison.

À Dabou en Côte d'Ivoire, une personne nous a effrayées ma sœur amie et moi et j'en suis tombée malade.

Aux grandes vacances, je suis allée à Ebra mon village, chez la femme à mon père, il y a eu un décès, j'avais peur au point d'être en crises, je tremblais d'émotion. Depuis ce jour, j'évite ces moments de douleur et de tristesse.

Mon fils aîné, Fafa et moi, étions en train de mettre du gazon chez nous. J'ai eu peur d'un ver de terre. J'ai couru tellement vite, que je suis tombée et me suis fait mal aux genoux.

Je suis chez ma fille. Je dois descendre prendre des papiers dans ma voiture. Ma petite-fille vient avec moi. Elle se chausse, ouvre la porte et me dit de prendre l'ascenseur.

Je lui réponds :

– C'est mieux les escaliers, j'ai peur de prendre l'ascenseur.

Nous prenons les escaliers. En revenant, elle me redit :

– Nanan prend l'ascenseur.

– Non, c'est mieux les escaliers.

Elle insiste pour le prendre et croyant que je ne savais pas, me rassure en ajoutant :

– Nanan je veux te montrer comment on fait.

Je refuse, elle insiste:

– Nanan vient, il ne faut pas avoir peur. Ça va aller, tu vas voir, c'est facile.

Nous entrons dans l'ascenseur, la porte se referme, elle appuie sur le bouton du cinquième et nous attendons. Je regarde l'affichage de l'étage, rien. J'attends la crainte au ventre, l'ascenseur ne monte toujours pas. Nous attendons un peu, puis j'appuie sur le bouton RDC. La porte s'ouvre, nous sortons, très soulagées. Nous prenons les escaliers et nous arrivons chez ma fille.

Quand j'étais à l'école primaire, j'avais peur d'être frappée par le maître. À notre époque, les instructeurs pouvaient nous corriger. Notre maître nous donnait des coups de règle, sur chaque faute concernant les tables de multiplications. Pour ne pas me faire frapper, je les apprenais par cœur. Aujourd'hui, encore, la peur me pousse à réussir tout ce que j'entreprends, à m'investir à fond.

La peur est souvent dans la tête, elle est positive dans beaucoup de domaines. La peur de l'échec, la peur d'entreprendre, de se lancer dans les affaires, de quitter un travail que nous n'aimons pas, ou une personne, en dépit des situations compliquées. La peur du qu'en-dira-t-on, que diraient nos proches?

La peur de dire ce que nous pensons vraiment, de se retrouver seul et sans argent. Oui, la peur engendre beaucoup de stress et nous conditionne. Nous transpirons, nous avons chaud ou froid. Nous perdons nos moyens, la gorge est comme s'il y avait une boule dedans et pleins d'autres maux physiques.

Il existe aussi la peur d'affronter la vérité, ou de savoir des choses qui peuvent nous contrarier. La peur pousse également à mentir.

La peur de l'inconnu, de l'obscurité. La peur est notre premier ennemi, après les échecs dans les relations avec les autres, de parler en public. Nous ne trouvons pas nos mots même si nous l'avons appris par cœur.

On part très tôt de chez nous et on attend des heures, de peur de louper le train ou l'avion.

Savez-vous qu'il m'arrive d'être triste.

Quand je suis triste, j'écris, je discute à la première personne que je vois, ou que j'ai au téléphone, je me défoule.

Je parle longuement avec Fafa, il m'écoute et le lendemain, il me dit :

— C'est bon, nous ne parlerons plus de ce sujet.

Le sujet est clos définitivement. Je n'y pense plus et je n'en parle plus.

Quand l'idée me revient dans la tête, je pense à d'autres choses. Je me dis, c'est bon, n'y pense plus et si l'idée me revient, je parle à mon ego. Je lui dis :

— Sais-tu que c'est à toi, c'est ton rôle de résoudre mes situations ? Aide-moi à faire ce que je peux réaliser humainement et le reste c'est ton travail.

Il me répond :

— D'accord, mais écoute-moi bien. Quand je te donne des idées, fais-le. Ne sois pas paresseuse. Quand je te dis de ne plus penser aux choses négatives, dont tu n'as pas le contrôle, exécutes ! Ne sois pas têtu comme d'habitude. Te souviens-tu, le soir où tu étais triste, tellement triste que tu pleurais. Je n'ai pas compris pourquoi tu pleurais autant. Tu es fatiguée, en plus dans cet état, tu n'écouterais pas mes suggestions. Qu'est-ce que je peux faire pour toi ?

Une cliente m'a téléphoné à 21 h pour acheter le produit que je vends.

C'est une façon de m'occuper. J'ai arrêté de pleurer, j'étais même contente. J'ai dit à mon mari et à mon fils que j'avais au téléphone, le sujet qui me tracassait.

Le lendemain, quand je suis partie chez ma cliente. Elle a confirmé sa décision d'acheter le robot le soir même. Elle a dit que ce n'était pas une heure pour téléphoner, mais qu'elle allait essayer. J'ai répondu aussitôt, pourtant j'étais en communication avec mon fils.

La vie et ses imprévus

Hier matin, je décide de reprendre la marche avec mon chéri Fafa et mon chien Milou.

Ça faisait longtemps que je ne marchais plus. Je travaillais tôt le matin ou j'étais en voyage.

Ce matin-là, mon chien Milou me suit, il me regarde, remue sa queue et regarde vers sa laisse. Il donnait l'impression d'avoir deviné ma décision prise hier soir.

J'enfile un jogging et des baskets.

À neuf heures, après mon petit-déjeuner, je vais dans mon jardin cueillir des mûres, je me régale. Je prends un bout de gingembre, que je mange en marchant. Je dis à Fafa :

— Ah, ça pique. Il y a un bout de temps, que je n'ai pas mangé de gingembre, je sens que c'est très fort.

Fafa me répond :

— Tu me prépareras le jus de gingembre et jus d'ananas s'il te plaît ma chérie.

— Oui mais c'est mieux la racine pure et fraîche, comme je le mange, l'effet est immédiat et c'est très bon pour beaucoup de maux. Avec le jus d'ananas c'est dilué.

Tout en marchant il me dit :
– Tu peux apprécier la marche sans ton portable ?
– Non.

Je reçois deux coups de téléphone de mon fils Mik et de ma fille Lore. Nous échangeons quelques mots. Soudain j'aperçois un portable sur un banc. Je m'approche, je regarde, mais je n'ose pas le toucher. Je regarde encore, puis je le prends avec hésitation. J'appuie sur une touche et il s'allume.

Je téléphone au premier numéro de la liste, j'ai immédiatement un monsieur en ligne :
– J'ai trouvé un portable sur un banc, du côté de la voie verte. Connaissez-vous son propriétaire ?
– Oui, c'est peut-être celui de ma femme.
– Je suis à la voie verte, je vais vers la rivière. Vous pouvez venir le chercher. Je vous donne mon numéro de téléphone.

La personne en ligne habite à Bergerac. Il téléphone à sa femme, c'est une ambulancière, mais ce n'est pas son portable. Comment joindre le propriétaire, puisqu'il ne l'a pas sur lui. L'ambulancière semble le connaître, elle va chez lui pour l'informer.

Il était content, parce qu'il ne le trouvait plus et le cherchait depuis un moment.

Je reçois plusieurs appels sur le portable trouvé. Je décroche pour expliquer la situation, où je suis et où j'habite.

Le propriétaire du portable arrive chez nous. Il est très content et me remercie.
– Je viendrai vous offrir des fleurs. Vous êtes honnête.
Je lui réponds :
– C'est gentil de votre part mais j'ai écrit un livre. Si vous voulez l'acheter ce sera votre cadeau à la place des fleurs.
– Ah bon, d'accord, où je peux le trouver ?

– J'en ai ici chez moi, je vais en chercher un, pour vous le montrer.

Il le regarde et me dit qu'il reviendra à 14 h.

– Merci Monsieur, j'ai toujours mon portable avec moi, si vous voulez me joindre.

Le même jour à 14 h, le propriétaire du portable est venu acheter mon livre *Une Vie Volée* il me donna 20 euros, en me disant de garder la monnaie.

Histoire de cuisine et anecdotes

Quand je cuisine, je brûle tout, ce que je prépare, je le brûle. Que ce soit le riz, la banane plantain et même la confiture. Hier soir, je me suis mise à cuire la confiture de mûres, prunes et gingembre. C'était trop bon. Je programme la plaque de cuisson, je reviens et j'augmente la température vers la fin de la cuisson. Et voilà que la confiture commence à cramer, heureusement que j'étais juste à côté.

Ce matin, je descends pour cuire mon Quaker Oats, ou Flocons d'Avoine.

Je mets le Quaker dans le pichet, j'ajoute l'eau, je programme à 7 mn et 10° la température, puis je monte dans ma chambre.

Tout d'un coup, je sens une odeur de brûlé. Je descends en vitesse, il fallait voir dans quel état j'étais. Je me suis empressée de prendre une tasse où j'ai vite renversé les flocons d'avoine, ensuite j'ai trempé le pichet. J'avais peur que Fafa descende et me reproche une deuxième fois d'avoir brûlé un pichet. Puis je nettoie soigneusement celui que j'ai laissé brûler hier. J'entends les pas de Fafa qui descend des escaliers.

Il dit :

– Je sens le brûlé.

Je réponds :

– C'est bon.

Bizarrement, il ne dit rien et prend son petit-déjeuner.

Nous allons marcher tranquillement. Mon chien Milou, nous attend patiemment. Il est excité de voir son maître ce matin, il aboie de joie, quand Fafa lui met sa laisse.

Pourquoi je brûle tout. Je pense que je le sais, j'ai tellement l'habitude de cuisiner avec mon robot qui ne me demande pas de surveillance. Je peux partir faire autre chose. En plus, je ne suis pas assez patiente pour rester dans la cuisine. Même quand je suis à côté, je laisse brûler.

Souvent, Fafa passe derrière moi, pour diminuer la température, lorsque je prépare le riz dans la casserole. Il me connaît trop.

Blablacar

Mon fils de Perpignan, me demande d'aller apporter des affaires chez lui.

– Tu peux faire du Blablacar maman.

– OK, je n'ai plus mon code, je vais demander à Lore de s'en occuper.

Lore me dit :

– Demande le code à Blablacar.

Je vais sur l'ordinateur, je demande le code et je remplis le formulaire en ligne. C'est très facile.

Avoir de la compagnie dans ma voiture ne me déplaît pas. Je ne serai pas seule.

Le lendemain, je reçois des messages de deux Blablacars sur mon portable et par email. J'appelle aussitôt et je confirme. Nous fixons le rendez-vous à McDonald's le samedi à 8 h 15.

Un autre message d'un Blablacar arrive. Je téléphone au monsieur. Le rendez-vous est à la gare à 8 h 30.

Deux jours après, je reçois encore deux messages. J'appelle la dame après mon travail, elle me dit :

– C'est pour ma fille. Nous nous donnons rendez-vous à la gare d'Agen.

Je demande le numéro de téléphone de sa fille et de sa tante, la dame me les donne par SMS.

Ma voiture est complète pour aller jusqu'à Toulouse.

À la gare de Toulouse Matabiau, la jeune fille descend, il me reste une place pour Perpignan.

Je reçois encore des messages. Une place pour Toulouse Perpignan et le retour le dimanche avec trois passagers.

Je suis contente. J'ai six passagers. Je vais sur l'ordinateur et sur mon portable. J'écris aux personnes pour bien confirmer, c'est une façon de les rassurer et d'être rassuré aussi.

L'aventure a bien commencé. J'agis vite et je réfléchis après, mais je commence à stresser en me disant comment faire pour que tout se passe bien. Je ne peux plus annuler ce voyage. Je suis obligée de partir. Je me suis engagée auprès des personnes que je ne connais pas et qui comptent sur moi.

Pourvu que rien ne m'arrive d'ici samedi. Le vendredi, après mon travail, j'essaye plusieurs vêtements. Je ne sais pas quoi mettre. En plus, il est annoncé 37° dans le Lot et Garonne, pour le samedi 26 août 2017.

Je préfère me mettre en robe, en coton de préférence, pour être à l'aise.

Le vendredi après-midi, je vais à la station faire le plein de gazole. Je lave la voiture en automatique, puis je passe l'aspirateur proprement dans l'intérieur. Tout doit être nickel. L'extérieur et l'intérieur.

Je vide complètement la voiture. Je sors mes affaires de travail du coffre, pour mettre celles de mon fils, que je place en bas. Je laisse le haut pour les passagers. La Toyota a deux coffres. C'est très pratique.

Je dois battre un record ce samedi-là. Ne pas prendre trop d'affaires pour moi.

C'est très difficile, parce que je ne sais pas voyager sans bagage. Même pour une journée, je transporte beaucoup d'affaires inutiles, de plus les sacs sont lourds.

Ma fille Lore au téléphone me conseille de prendre un petit sac.

— Maman, tu as dit quoi à tes passagers ?

— Bagage moyen

— Tu pouvais dire bagage cabine.

— Ça va aller, merci.

La nuit va être courte, vers minuit, Fafa me dit :

— Tu ne dors pas ? Tu dois être en forme pour conduire demain.

— Ne t'inquiète pas. Je dormirai quand j'aurai sommeil. Pour l'instant, je termine de crocheter ma nouvelle création.

— OK, je te comprends ma chérie.

Départ de notre directrice d'agence

Nous sommes tristes… je suis triste. Tu nous quittes comme si nous ne te verrons plus jamais.

Lorsque tu nous as convoqués, pour annoncer ton départ, je croyais rêver, je n'ai pas pu retenir mes larmes. Je ne sais pas si ce sont des larmes de tristesse pour nous ou de joie pour toi.

Ma gorge est nouée et j'ai les larmes aux bords des yeux. Il fallait que je parle, pour faire partir l'étreinte qui me bloquait la gorge. En ouvrant la bouche, ma voix tremblait et des larmes coulaient sur mes joues. J'ai essayé de les retenir mais l'émotion était trop forte. Il y a longtemps que je n'ai pas pleuré.

– Ce que je vais dire est tout à fait personnel, je ne parle qu'en mon nom. C'est vraiment dommage que tu partes. Je respecte ton choix et ta décision. Tu as été là pour moi et pour nous tous. Tu m'as toujours écouté et aidé à atteindre mes objectifs. Heureusement que j'ai rencontré une personne comme toi, ça m'a aidé à rester longtemps dans cette société. Dès, notre première rencontre, tu as eu confiance en moi. Tu m'as amenée là où je suis. Merci pour ces moments passés ensemble. Merci de nous avoir supportés toutes ces années. Je te souhaite tout le bonheur du monde, dans tes prochaines occupations. Sois heureuse avec ta famille et tes nouvelles activités, je ne t'oublierai jamais.

En rentrant chez moi, les souvenirs de notre premier contact me reviennent à l'esprit.

Tu m'as téléphoné en décembre de la part de la société, pour me donner un rendez-vous à l'agence et faire un entretien de recrutement en tête à tête.

Ce matin-là, j'étais stressée comme beaucoup de personnes le jour d'un entretien d'embauche. Mais j'étais très confiante.

Je connaissais très bien, mes capacités commerciales, mais la personne en face de moi ne le savait pas.

C'était à moi de faire mon possible pour réussir cet entretien. Tout commença par la démarche, la tête haute, la poignée de mains, le sourire, la voix et avoir de l'assurance. Peut-être le feeling… et pourquoi pas, bien se vendre !

Croire fortement, que nous allons être embauchés. Ne pas douter un seul instant de la réussite de l'entretien. Il faut savoir aussi ce que nous voulons exactement.

L'entreprise a besoin de nous comme nous avons besoin aussi de travailler dans l'entreprise. Bien se renseigner au sujet de la société, du produit et des prestations de l'entreprise. L'entretien se passa très bien.

Je signai mon contrat le 19 décembre 2005 avec un grand plaisir.

Les douze années de travail avec toi ont été géniales. Nous avons gagné des voyages, des cadeaux. Nous avons rigolé. Nous étions comme une vraie famille.

J'aime les défis, les challenges. Je faisais tout mon possible pour me surpasser et battre des records. Ton départ m'affecte beaucoup, mais je sais, que ce n'est qu'un au revoir.

C'est la période de Noël et les préparatifs de cette belle fête commencent. Les enfants attendent le père Noël avec excitation. La télévision, passe de beaux films de Noël, où la fin est toujours romantique et termine très bien.

Dans les rues, tout nous rappelle cette fête lumineuse et magnifique. Dans les supermarchés, les rayons de jouets nous interpellent par le grand choix de cadeaux.

Je n'aime pas trop les lendemains de cette fête, car cela me rend mélancolique.

Activités et pensées philosophiques

Je suis énervée contre moi, très déçue sur le coup, mais vite soulagée.

Heureusement, que je n'ai pas laissé toutes mes activités pour ce nouveau travail.

J'ai passé trois semaines tôt le matin, à apprendre la méthode. Je voulais vraiment réussir dans cette nouvelle activité.

Me connaissant, je me suis donné les moyens pour y arriver. Je croyais que c'était possible de m'investir autant, en me consacrant uniquement à ce domaine. J'ai même refusé une semaine de mission.

Vu ma détermination, la seule chose que j'ai acceptée ce fut d'aller à Nantes, à une journée de formation. Fafa m'a conseillé intelligemment d'être présente à cette journée. Je ne voulais pas y aller.

Je suis revenue très motivée pour reprendre mon activité principale. Sinon, je me retrouverai dans une situation critique et sans travail.

La vie avec ces mystères. Il faudrait toujours bien réfléchir avant d'entreprendre quelque chose.

À chaque âge, nous pouvons nous tromper, être dans l'échec. Comme j'ai lu hier matin cette citation de Winston Churchill :

Le succès n'est pas final, l'échec n'est pas fatal : c'est le courage de continuer qui compte.

Tous les matins, nous nous réveillons très motivés pour aller au bureau et après nous allons faire le porte à porte.

J'ai vu du monde. J'ai mis en pratique ce que j'ai appris.

J'ai rencontré toutes sortes de personnes. Des gentilles et des personnes pas gentilles.

Malheureusement, j'ai rencontré beaucoup de personnes pas gentilles ces jours-là.

Je me suis enrichie encore pour pouvoir raconter en écrivant. Pourquoi pas?

Il faut trouver des sujets et des faits vécus. J'ai vu de la méchanceté gratuite. Les personnes aimables étaient rares.

J'ai rencontré une femme très gentille. Elle m'a fait entrer chez elle. Elle m'a proposé à boire et m'a dit de m'asseoir

J'ai expliqué ce que je faisais, j'ai signé mon premier contrat très rapidement, le premier jour de mon travail.

Nous avons discuté un peu. Je suis partie de chez elle satisfaite, j'étais émue de voir une personne aussi gentille. Avant de partir elle m'a encore proposé à boire du Cranberry. Pourtant, une heure avant, cette dame ne me connaissait pas. La réception qu'elle a eue envers moi fut étonnante.

J'ai revu plusieurs de mes anciennes clientes. J'ai bien pris le temps de discuter avec elles. Pendant les trois semaines de travail en faisant du porte à porte, j'ai rencontré plus de personnes désagréables que d'aimables et compris beaucoup de choses à leur contact. Le porte à porte est un vrai travail pour connaître les personnes en peu de temps.

Je me suis dit, que vous êtes tranquillement chez vous en train de profiter de la vie avec votre mari et vos enfants. Vous faites n'importe quoi d'agréable: discuter avec des amis, être au téléphone avec quelqu'un et parler d'un sujet très important, ou même banal. J'ai vu beaucoup de personnes au téléphone même lorsque je me présentais chez eux.

Le téléphone portable nous occupe souvent des heures, c'est un appareil où l'on trouve toutes nos informations personnelles, qui sont accessibles à n'importe quel moment. Par exemple:

Des personnes sonnent, ou tapent à votre porte sans rendez-vous. Vous êtes surpris, vous avez le choix d'aller ouvrir ou pas. D'autres personnes décident de ne pas vous ouvrir, vous regardent par la fenêtre, ferment le rideau et laissent le chien aboyer. D'autres personnes encore viennent ouvrir la porte. Souvent elles sont très étonnées de vous voir. En peu de temps, vous devez les convaincre de signer un contrat en bonne et due forme. Il y en a qui ne prennent pas le temps d'écouter ce que vous avez à dire.

Elles vous lancent cette phrase : *non, ça ne m'intéresse pas* et ferment leur porte avec agressivité.

Je les comprends. Elles viennent d'être dérangées.

En général, j'ai vite compris. J'aimais voir la porte s'ouvrir et regarder la personne, en étudiant sa réaction. Je souriais à chaque fois, en espérant que le contact serait un peu compréhensif en me voyant.

J'ai un vilain défaut, 'la curiosité'. J'exerce le travail de la vente depuis plus de trente ans. J'ai l'habitude d'engager la conversation et mettre les clients potentiels à l'aise, peu importe l'âge ou leur position sociale. J'ai eu des personnes seules qui avaient envie de discuter avec moi, j'étais à l'écoute avec plaisir.

Je me sentais prête. Mes trois semaines d'investissements m'ont donné confiance en moi dans ce nouveau travail, mais je me suis investie pour rien et je suis très déçue.

Au moment, où je pensais vraiment que j'allais réussir dans l'activité, j'ai reçu un soir, deux coups de téléphone de mon responsable. Je répondis aussitôt et tombai sur sa messagerie. Quelques minutes après, je reçus un appel masqué.

Je ne réponds jamais aux appels masqués, mais ce soir-là, je répondis. Le responsable de ma nouvelle société, me donna rendez-vous à l'agence à 19 h 30.

J'arrive vite à la maison, je m'apprête en vitesse et je pars à l'agence.

Fafa me demande :

– Je viens avec toi ma chérie ?

Je refuse, en lui disant :

– Je n'ai pas le temps d'attendre. Je suis pressée. Il est déjà 19 h 20 et je n'aime pas être en retard, lorsque j'ai un rendez-vous.

En route, je récite mon texte par cœur. Je pensais qu'il allait m'interroger et voir avec moi si je connaissais bien le texte et m'expliquer un peu plus le travail.

Arrivée à l'agence, je cherche mon texte et le vérifie en vitesse. Je relie des parties pour être sûre. Je me rends compte que c'est bien acquis.

J'arrive dans l'agence, personne dans la salle. J'attends, je le vois arriver, il ne me salue pas comme d'habitude. Il reste au loin, me propose un café. Je lui réponds que je ne bois pas de café.

Il me demande si j'ai vendu le produit de l'autre société.

Je ne comprends pas la question. Car pour moi, il me demande de venir à 19 h 30 à l'agence pour me parler de vente que je fais avec une autre enseigne.

Je réponds par politesse.

– Oui, j'en ai vendu deux cette semaine, le travail a bien commencé.

Il s'assoit et me dit :

– Nous allons mettre fin à votre contrat. Cherchez un travail similaire à ce que vous faites actuellement.

J'ai répondu :

– Non. Je suis venue chez vous parce que je ne voulais plus faire les missions. Je suis déjà chez une autre société de vente depuis 12 ans.

Il réplique :

— Vous devez réaliser 3 contrats par jour. Je ne peux pas vous garder. Vous n'avez pas réalisé le chiffre, la première semaine, vous n'en avez fait que 4. Il faudrait de la progression.

— Je suis déçue. Vous me coupez l'herbe sous les pieds. Je viens juste de commencer, qu'à peine, vous me remerciez. Je pensais vraiment réussir dans ce travail.

— Mais vous ne pouvez pas réussir en tout, me répond-il.

— Je sais que je ne peux pas réussir en tout. Mais j'ai cette volonté, sinon je ne commencerais pas le travail.

J'étais très surprise, je ne m'y attendais pas du tout. Il y a trois mois d'essai que je n'ai pas fait. J'ai signé le contrat la semaine dernière. À peine passées deux semaines, il me licencie sans me former.

Je lui dis :

— Vous n'êtes pas venue me voir travailler, sur le terrain.

— Vous avez raison sur ce fait-là. Je me suis occupé des recrutements de Bordeaux.

— C'est ce que j'ai pensé. Nous étions livrés à nous-même, sans repère. Seuls, sans savoir où aller. Refaire les mêmes lotissements déjà exploités plusieurs fois.

Je me suis dit quelle perte de temps, pendant que je tapais aux portes. C'est une des raisons qui m'ont poussé à travailler avec plaisir. À découvrir et à observer les gens.

En voyant le bon côté des événements sans me plaindre. Je ne voulais pas mettre du négatif dans ma tête. Une fois le travail terminé, je peux raconter et faire le bilan de cette expérience.

Comme nous disons souvent, rien n'est mauvais en soi. C'est notre mental qui fait la différence. Même dans des situations compliquées, nous devons nous protéger.

J'ai marché et expérimenté ce travail. Pour moi, j'étais au taquet pour continuer et faire mes preuves. Je ne polémique pas. Ce n'est pas ma nature et j'accepte sa décision.

Je lui dis encore :

– Je suis capable de faire ce métier.

– Je sais que vous pouvez, mais vous ne vous êtes pas donné les moyens d'arriver aux objectifs demandés. Une progression tous les jours. Il faudrait travailler six heures par jour. Ne faire vraiment que ça.

Je lui dis :

– Je vous ai informé que je travaillais déjà dans une autre société lors de notre premier entretien.

Je connais très bien les sociétés. Il n'y a que le chiffre et les objectifs qui priment. L'humain ne compte pas. Quand vous réussissez vos objectifs, vous recevez des félicitations. Si les objectifs ne sont pas atteints, vos records sont oubliés et vous êtes virée.

Arrivée à la maison, Fafa me demande :

– Alors comment ça s'est passé ?

– Le responsable m'a dit d'arrêter le travail.

– Ce n'est pas vrai ! Pourquoi ma chérie, qu'est-ce qu'il a dit ?

– Il a dit que je devais réaliser trois contrats par jour, je n'ai pas pu le faire. Et quant à toi, il verra ta situation. De toute façon, j'arrête. Je ne travaille plus avec lui, il ne verra rien du tout. C'est moi qui vais arrêter mon contrat et pas lui. Je n'en ai rien à foutre, je ne perds pas mon temps. Je ne suis plus motivé.

– Tu perdais ton temps, me confirme Fafa.

Il me parle négativement du porte à porte. Nos situations précaires nous poussent à faire n'importe quoi. Surtout en ce moment, avec cette crise du travail. Nos situations temporaires à résoudre nous poussent à prendre le premier travail qui se présente.

Dans le désarroi nous supportons des situations compliquées.

Le lendemain, j'ai commencé à réfléchir sur le travail du porte à porte, au danger que j'encours. Fafa n'était plus d'accord.

Il me disait :

— Tu es trop bien dans ton travail actuel, réfléchis. Ne perds pas ton temps ailleurs. L'herbe n'est pas plus verte ailleurs.

Je réponds :

— Je fais ce que je pense être le mieux en découvrant d'autres expériences.

Fafa réplique :

— En quarante ans de métier commercial, jamais je ne me suis fait agresser à l'époque. Aujourd'hui, en trois semaines d'activités, je me suis fait agresser deux fois. Mes connaissances me demandent souvent, pourquoi tu exerces plusieurs travaux ?

Je réponds :

— Parce que, je suis fidèle seulement en amour. Je ne mets pas mes œufs dans le même panier, j'aime cette liberté de travailler où je veux, quand je veux.

J'ai du mal à trouver le sommeil, je suis agitée. Les paroles du responsable me reviennent dans la tête. J'ai fini par m'endormir.

Fafa est venu me trouver le matin dans la chambre. J'étais en train d'écrire. J'ai lu quelques phrases. Nous avons bien rigolé.

Le samedi 30 septembre 2017, j'avais deux ateliers culinaires. Un à 10 h et un autre à 14 h 30.

Le premier se trouvait à 45 mn de chez nous et l'autre plus près. Le matin, en allant travailler, j'ai téléphoné à ma fille Lore pour lui expliquer la situation.

Il pleuvait tellement ce matin-là, que je portais des bottes noires, un imper à pois noir et blanc et un béret noir et marron.

Chez la cliente, j'ai vite oublié le sujet de la veille. J'étais à fond dans mon travail. Les invitées sont arrivées et j'ai réalisé ma démonstration :

Un sorbet à la framboise, du bon pain express, du poulet vapeur accompagné de tagliatelles de légumes et du velouté. La sauce a été réalisée avec un peu de fond du velouté, de la moutarde, de la crème fraîche, du persil et un jaune d'œuf.

Le repas fut très délicieux. J'ai vendu deux produits avec financement.

La cliente m'a proposé de manger un peu le repas que nous avions cuisiné. Je suis partie de chez elle à 13 h, ravie de ma matinée.

Comme d'habitude, Fafa m'a téléphoné plusieurs fois. Il était inquiet pour moi.

Sur la route, je l'ai rappelé, il m'a dit :

– Tu viens de réaliser deux ventes. Ça fait combien de contrats cette semaine ? J'ai déjà bien calculé. Ça te fera déjà 26 contrats, sans subir la méchanceté des gens.

Je lui réponds :

– Oui, tu as raison, mais c'est la façon dont les choses se sont déroulées. La façon avec laquelle il m'a remercié. Je sais j'ai tout oublié. Je pars directement réaliser ma deuxième démonstration.

Ma fille Lore me laisse un message, *maman, ne te décourage surtout pas.*

Je rappelle Lore. Je parle un peu avec elle et avec ma petite-fille. Je lui demande ce qu'elle a fait à l'école.

Elle m'explique en détail. Le téléphone se coupe, nous n'avons plus de réseau.

Il est 13 h 45. Je téléphone à la cliente hôtesse. Je lui demande son adresse pour me rassurer que la démonstration se passe bien. quelques fois, à la dernière minute, il peut y avoir un empêchement.

J'arrive chez elle. Je lui demande si elle est contente de son achat.

– Oui très contente, aujourd'hui, il y aura quatre invitées. Il y a déjà trois personnes. Ma mère arrivera en retard, elle arrive du Lot.

À 14 h 30 précises, je démarre ma dégustation avec enthousiasme. Je rigole, les invitées sont très contentes de découvrir ce nouveau produit. La copine est émerveillée et surprise de découvrir tout ce que cet appareil peut faire. C'est trop magique.

Le public est réceptif. Travailler dans des conditions aussi agréables, avec une jeune hôtesse géniale et le mari sympa est un vrai plaisir.

La belle-mère déjà cliente, est venue une heure après. Elle parla positivement du produit. Tout se déroula parfaitement bien.

Et pour faire rire ; je répète cette phrase plusieurs fois :

– Alors, comment trouvez-vous mon appareil ?

J'entends la réponse avec joie.

– Génial, super, magique, trop bien, ludique, impressionnant.

Je vendis un robot au comptant. Les deux autres dames très intéressées allaient demander à leur mari et me donneraient la réponse dans la semaine.

Je repris un autre atelier culinaire avec l'hôtesse cliente en décembre.

Nous cuisinons : un sorbet à l'abricot banane, un pain au lait et le plat salé un couscous de crevettes et sa bisque. L'odeur du pain au lait sortant du four et le couscous sentent bon. Ça donne envie de manger. Nous goûtons au pain au lait avec une pâte à tartiner chocolat noisette, faite maison.

Je rentrai chez nous à 17 h, très contente de ma journée. Je reçus un coup de téléphone de la cliente, qui m'a recommandé le travail de porte à porte. J'expliquai la raison de mon licenciement, elle me répondit après m'avoir écouté avec intérêt :

– Je ne comprends pas. Je te conseille d'investir dans ton travail actuel. Tu as l'habitude et tu as déjà une clientèle, les personnes te connaissent. Ce n'est pas grave.

Une semaine après, le vendredi 6 octobre 2017, je rentrai du travail à 19 h 30.

Fafa vint me trouver dans la voiture en me disant :

– Le responsable te demande d'écrire ta lettre de démission.

Je répondis avec agressivité :

– Quoi ? Je n'écris rien du tout, je n'ai pas démissionné, c'est lui qui m'a viré.

– Ne t'énerve pas ma chérie.

– Il y a de quoi s'énerver, il écrira lui-même sa lettre. Qu'il garde mon solde de tout compte… Elle est bien bonne celle-là ! Qu'il me téléphone…

Fafa me regarda et ne dit plus rien. Le sujet était clos.

Je me vole, nous nous volons. J'explique mon point de vue.

Chaque fois que nous n'exploitons pas nos talents normalement, ou ne les exploitons pas du tout, nous nous volons nous-mêmes.

Nous pouvons être doués et fauchés.

Nous sommes nés avec des talents considérables. Certaines personnes les font fleurir, d'autres travaillent beaucoup leur talent inné et deviennent des génies, d'autres encore, gardent leurs talents en eux, sans les exploiter.

Le courage, la persévérance, l'habitude, la motivation, l'enthousiasme, le caractère aussi, l'entourage et le lieu de naissance sont essentiels.

Sans oublier la confiance en soi, le doute et pourquoi pas, le découragement. Être entouré de bonnes personnes, à un moment de notre vie.

La chance qui se provoque. Comment savoir si nous sommes doués, dans telle discipline, telle activité, ou telle chose ? Nous ne le savons pas nous-même.

Quelquefois, des rencontres positives croisent notre chemin. Quand j'étais enfant, je rêvais d'être comédienne, j'aime la comédie. Seulement je ne savais pas si j'avais ce don.

Je me suis volée pendant des années. Je n'ai pas réalisé mes rêves d'enfance. Maintenant je suis dans la vente, et aujourd'hui, je rencontre des personnes qui me disent, *Tu es trop rigolote. Quand tu parles tu nous fais rire, tu as un rire communicatif et tu as un beau sourire.*

Peut-être, mais qu'est ce que j'ai réussi de bon avec ce sourire et cette joie ? Rien...

J'ai réalisé des milliers de démonstrations en jouant. J'ai appris mes méthodes par cœur, pour jouer mes scènes chez les familles.

À chaque démonstration, je jouais mon rôle de vendeuse, en me mettant en scène.

J'amusais la galerie, avec des rôles différents.

À défaut d'être une comédienne renommée, je suis une comédienne chez les familles pour vendre mon produit.

Ce qui est beau, dans mon histoire, ce sont les personnes qui ne vous connaissent pas, qui vous voient la première fois et qui vous découvrent. Elles voient en vous, votre vraie nature, ce que vous êtes.

Plusieurs fois dans ma vie, j'ai lu un livre, que j'aime bien. L'auteur explique les événements extraordinaires d'un peintre. Le livre intitulé, *Rendez-vous au sommet* par Zig Zigard, m'a beaucoup marqué. Moi aussi, j'ai écrit mon livre, *Une vie volée.*

Le titre a été bien réfléchi, mais vous pouvez l'interpréter comme vous bon vous semble.

Naissance de mon petit-fils et pensées philosophiques

Je laisse mon téléphone allumé la nuit, parce que j'attends avec patience, que mon fils m'annonce la bonne nouvelle. Quand je me réveille dans la nuit pour aller aux toilettes, je regarde machinalement mon portable sur le bureau.

Je vois un appel, étant donné l'heure avancée, je me dis, c'est bon, le travail a sûrement commencé. Notre petit prince naîtra aujourd'hui, j'envoie aussitôt un SMS à mon fils: *coucou Mik*, il me répond, *Nana a perdu les eaux, nous sommes à l'hôpital.*

Je suis contente, j'ai du mal à dormir, les souvenirs de sa naissance me reviennent en détail, 26 ans après, comme si c'était aujourd'hui.

J'ai une démonstration l'après-midi. Je prends mon portable et je regarde les SMS du futur papa. Mon quatrième fils me demande des nouvelles, je communique par SMS avec Lore. Elle ne dort pas, elle est inquiète et me dit: 'Maman c'est long'. Je lui réponds:

– Oui ma fille, quelques fois c'est très long, ça dépend du bébé, s'il est gros, ou de l'efficacité des contractions, l'utérus est un muscle.

Nous discutons un peu sur le jour de la naissance de sa fille. Chaque personne explique comment elle a vécu l'accouchement.

Vers le matin, mon fils Mik me téléphone, nous parlons de la situation, toujours pas de bébé. Je reste en contact avec lui toute la journée. Enfin, le moment tant attendu est arrivé. Le couple est content de voir le petit bout de nez de leur premier né. On aimerait être une petite souris, pour voir la scène.

Mik m'explique le déroulement de l'accouchement, il prévient aussitôt ses frères et sœurs, pour lui c'est la meilleure façon de les impliquer. D'autres personnes préviennent à la naissance, pour faire la surprise.

Nous recevons tous, une photo du papa et de son bébé. L'émotion est grande.

Auparavant, les pères n'assistaient pas à l'accouchement. Ils attendaient dans un long couloir, à faire le va-et-vient. Le stress était au rendez-vous, parce qu'ils ne savaient pas trop ce qui se passait dans la salle d'accouchement.

Dans l'ancien temps, les femmes accouchaient chez elles, dans une chambre.

Que ce soit à l'hôpital, en clinique, où à la maison, nous ressentons de l'angoisse, et nous trouvons le temps interminablement long.

Aujourd'hui, avec la modernisation, la technologie et les préparations à l'accouchement, nous en savons un peu plus sur ce qui se passe.

Au travail, toutes mes pensées vont au bébé et à sa maman. Félicitations aux jeunes parents. Nous vous disons merci pour la joie que vous nous donnez.

Donner la vie, c'est pour moi, la plus belle chose au monde. C'est un don, préservons-le.

Nous découvrons ton beau visage innocent. Nous serons là pour te protéger et t'aimer, sois sans crainte. Nanan sera là si tu as besoin de conseils. Peut-être que je serai trop vieille, mais tu pourras compter sur ta famille.

Je me couche et j'essaye de dormir un peu avant la sonnerie du réveil, pour aller travailler. Je pense avec émotion à certains souvenirs et je médite :

Pendant un accouchement, nous avons l'impression que le temps s'arrête.

Nos pensées, nos actes, notre cœur, notre esprit, notre âme, nos idées, sont concentrées sur ce moment-là. Nous n'arrivons pas à faire grand-chose. Même si nous sommes au travail le corps est là, mais l'esprit est ailleurs.

C'est comme si nous accouchions. J'ai l'impression que nous ressentons aussi les angoisses des futurs parents.

Quand j'étais dans le nord de la France, j'ai assisté pour la première fois à l'accouchement d'une amie. J'étais à ses côtés, avant l'arrivée du nouveau-né. J'ai aidé mon amie à respirer et je respirais en même temps. J'étais dans le même état qu'elle. C'était comme si les douleurs de mes accouchements me revenaient.

À la fin de l'assistanat, j'étais épuisée. C'est là que j'ai compris le rôle important, que tenait la personne près de nous, le jour de la naissance.

Lorsque j'ai eu mon premier bébé, ma petite-nièce et sa maman étaient chez nous. L'enfant me disait :

– Tantie, debout et marche.

C'était trop mignon. Sa maman voulait que je marche et moi je ne voulais pas.

Des années après, j'ai assisté à la naissance de ma petite-fille. Cette fois c'était une césarienne. L'inquiétude était au rendez-vous. Après le premier cri du nouveau-né, s'installe beaucoup d'émotion et je regarde ma fille qui pleure de joie et de bonheur.

Il n'y a pas de mots pour expliquer ce que nous ressentons à ce moment-là. Nous sommes saisies et émerveillées en regardant le bébé. Personne ne parle, mais le silence parle tout seul.

J'ai pleuré de joie, c'était la première fois que j'étais nanan, c'est magique, de vivre ce bonheur inexplicable.

Harcèlement, viol, témoignages et pensées philosophiques

Ne prenez pas à la lettre mes écrits, sur le sujet qui va suivre, il est délicat. Ne vous méprenez pas. J'écris simplement, pour donner mon avis sur le harcèlement de relations, entre couples, ou quels qu'ils soient, mariés ou non.

Je vais être très négative cette fois, même quand je regarde un film. Je m'énerve et je me dis : *Pourquoi, la victime ne parle pas ; ne raconte pas et se tait ?*

Voilà une des raisons qui me pousse à écrire, à raconter. Même si toutes les vérités ne sont pas bonnes à dire, la vérité sur le harcèlement et le viol, sont une nécessité à raconter pour sauver des vies et arrêter les criminels.

Au moment de la fin du couple, le harcèlement commence, nous entendons ces phrases : *si tu me quittes, je te tue.* Les menaces commencent, comme si nous allions changer la décision.

Au moment où les deux parties se quittent, le harcèlement recommence de plus belle. Nous recevons des centaines d'appels téléphoniques, jusqu'au jour où nous prenons la décision de changer de numéro.

Quand nous allons à la police ou à la gendarmerie, pour déposer une main courante, rien ne bouge. Nous continuons à être harcelés.

Il faudrait décrire tous ces événements sur un cahier, les situations pourraient changer car nous ne sommes pas à l'abri d'une perte de mémoire. Donc, il faudrait tout noter, ou se confier à une amie sincère. Il faut des preuves, car souvent les harceleurs sont menteurs, jaloux et manipulateurs.

Il faut mentionner, que l'être humain, a deux défauts dont nous ne nous rendons pas toujours compte : le mensonge et la jalousie. Les menteurs finissent par croire à leurs mensonges, à nous de prendre nos précautions. L'amour fait naître la jalousie, mais la jalousie fait mourir l'amour.

Comment pouvons-nous reconstruire notre vie sur le passé, ce n'est pas possible. Il faudrait l'abandonner, couper les relations, pour avoir notre tranquillité.

N'ayez pas peur du chantage, des menaces, des on-dit de la famille et de l'entourage. Nous ne comprendrons jamais une situation, tant que nous n'avons pas vécu les mêmes événements. Alors, ça ne sert à rien d'essayer ni d'expliquer à qui que ce soit, ce que nous subissons.

Même quand les ex-mariés ont des enfants, ils ne nous lâchent pas. Notre liberté les agace. Des années après, nous recevons des SMS bizarres. Nous sommes étonnées et nous nous demandons, qui peut bien nous envoyer ce genre de message.

Nous voulons répondre, mais une petite voix nous dit *non*, alors nous ne donnons pas suite.

La surprise tombe, c'est encore la même personne. Bon sang, il ne lâche pas l'affaire. Nous sommes si importants à ses yeux, qu'il ne peut pas nous oublier pour de bon. C'est fini et bien fini...

Quelques fois, sur les réseaux sociaux, des personnes osent demander de devenir leur ami. Nous les bloquons, mais ils font une autre demande sous un faux nom. C'est vraiment triste et ça ne sert à rien.

J'ai reçu des messages inconnus, pendant deux mois. Au début j'ouvrais le SMS, mais après j'ai arrêté. Il y en avait tellement, qu'un matin, j'ai téléphoné au service client.

L'opérateur ne pouvait rien faire, il m'a conseillé d'aller à la police. Comment ces personnes peuvent être heureuses, de passer leur temps, à harceler ?

J'ai un cerveau qui ne garde pas les mauvaises choses. C'est une des raisons qui me poussent à écrire tous les événements.

J'écris depuis des années. Cette habitude, je la ressens en bien comme en mal pour moi-même, je me libère et je n'y pense plus. Écrire c'est hurler en silence.

J'ai aussi cette facilité de mettre fin à des situations et à oublier complètement, comme si ça n'avait jamais existé. Mon cerveau ne retient pas ce qui ne l'intéresse pas. Il y a tellement de bonnes choses à réaliser, à penser à méditer. 24 heures n'y suffisent pas. Comment pourrions-nous perdre notre temps à harceler ?

Nous ne pouvons pas réussir notre vie de cette façon. Il suffit de regarder autour de nous.

Le viol peut aussi se passer dans le foyer conjugal.

La signification du viol veut dire avoir des rapports sexuels avec une personne, sans son consentement. Or dans le couple ça existe aussi. Surtout avant la fin de la relation du couple. Chez les hommes comme chez les femmes. Ces personnes ne respectent pas notre refus. Nous sommes violés.

Quand nous nous réveillons le matin, nous sommes comme folle, aigries, mal dans notre peau et nous avons envie de quitter cette terre. Nous vieillissons, notre lumière ne brille plus. Nous n'avons plus le goût à rien, nous perdons l'appétit et le goût des aliments. Notre estomac se resserre, nous maigrissons, puisque le corps ne se nourrit pas correctement. L'esprit s'éteint, nous sommes des morts vivants.

Nous pensons au suicide, mais nous ne le faisons pas pour des cons, qui s'en réjouiraient. Excusez-moi du gros mot.

Écrivons…

Quelques fois, quand nous racontons notre histoire, les personnes n'écoutent pas et nous prennent pour des fous. Il ne faut rien dire, surtout si nous sommes encore en couple.

Nous entendons souvent ces mots, *si ça va très mal, pourquoi tu ne le quittes pas, pourquoi tu ne pars pas, tu restes là à subir le viol. Est-ce que ce que tu dis est vrai, que tu ne mens pas, tu dramatises les faits, ou que tu ne rêves pas debout ?*

Savez-vous, qu'il est très difficile de quitter un manipulateur. Qui, sur cette terre n'a pas été manipulé ? Savoir que nous le sommes n'est pas évident. Ça peut durer des années. Il faut être très fort et ne pas être naïf. Parce que cette personne agit aussi sur la famille et son entourage. Elle peut donner l'apparence de quelqu'un de très bien. Tout le monde l'apprécie.

Après nous sommes étonnés des drames.

Le jour où nous rencontrons une personne de bonne volonté, qui nous écoute et qui est prête à nous sortir de la situation dramatique dans laquelle nous sommes, là encore, nous entrons en conflit avec la famille, nos proches et connaissances.

Des personnes n'acceptent pas que nous arrivions à nous en sortir et nous conseillent : *tu cherches quoi, tu penses à quoi, tu veux quoi à ton âge, qu'est-ce que tu espères ? Restes chez toi avec tes enfants et continue à vivre cette vie de merde.*

Nous avons compris, notre décision est enfin prise. Nous ne voulons plus être manipulés, nous sommes libres.

Nous disons non au viol, à la manipulation, au harcèlement, à la violence conjugale, et à la maltraitance. Non aux méchants, à l'abus sexuel, au mal gratuit et à la violence sexuelle. Aujourd'hui, les langues se délient. Racontons vos histoires de viol. Ne nous taisons pas, ne restons pas dans le silence. Pour le bien de tout le monde. Ne restons pas dans le déni. Ne faisons pas l'autruche.

Souvent nous connaissons les personnes qui nous violent ou qui veulent nous violer. Nous les connaissons très bien, tellement bien que nous ne pensons pas qu'elles puissent abuser de nous et nous violer.

Quand j'étais dans le nord de la France, j'ai failli me faire violer trois fois. La première fois, chez nous, dans ma propre maison, précisément dans ma chambre à coucher.

Un après-midi, les enfants étaient à l'école. La personne a voulu me rendre un service, elle est venue vérifier ma voiture qui était stationnée dans la rue.

Ma maison avait trois niveaux. Le salon, la cuisine et les toilettes au rez-de-chaussée. Au premier, il y avait deux chambres, une salle de bains et un dressing. Au deuxième, il y avait deux chambres, une salle d'eau et une petite pièce.

Cet après-midi-là, je me suis couchée tranquillement dans ma chambre au premier étage. J'avais fermé la porte à clef par automatisme.

La personne qui est venue vérifier ma voiture était en bas, devant la maison. J'ai entendu des pas qui montaient dans les escaliers jusque devant ma chambre qu'on essayait d'ouvrir en insistant. Comme je ne me manifestais pas, la personne est redescendue.

J'étais surprise, de la fenêtre, je lui ai dit :

– Laissez-moi la clef au salon, je dors et merci.

Je n'ai pas compris pourquoi elle était montée. Faisons très attention, soyons vigilants, ne faisons pas confiance. Prenons nos précautions en face des gens. Cela peut arriver quand nous nous y attendons le moins. Ce n'est pas écrit sur le front des gens. Nous ne savons pas d'avance leur plan, souvent ces personnes nous proposent des services. Elles utilisent notre faiblesse, notre ignorance et notre naïveté.

Après son départ, j'ai réfléchi à son comportement. Je ne l'ai plus jamais rencontré. J'ai raconté cette histoire à Fafa et à plusieurs personnes.

La deuxième fois, c'était encore dans le nord de la France.

Ce jour-là, j'étais en panne de voiture, j'avais rendez-vous et j'attendais à l'arrêt du bus.

Je vois un monsieur que je connaissais de vue, il venait au marché. Il s'arrête et me prend dans sa voiture, je suis contente. Mais je ne m'attendais pas du tout à ce qui allait suivre.

Aussitôt, assise ; il a commencé à me parler :

– Ça fait si longtemps que j'attends ce moment.

Puis il a commencé à mettre ses mains sur mes cuisses. J'ai commencé à trembler, j'ai eu peur, une sueur froide coulait dans mon dos.

Il continue à me parler :

– Depuis que je vous voyais au marché, je vous trouvais très belle. Je ne savais pas comment faire pour vous aborder. Aujourd'hui, vous êtes dans ma voiture, quelle chance.

Toutes les idées me passaient dans la tête. J'ai bafouillé :

– Oui, vous connaissez mon mari… mon mari… mon mari…

Or, j'étais déjà divorcée. Pourquoi dire mon mari, peut-être par peur. Je lui ai demandé de me laisser descendre. C'est ce qu'il a fait.

Quand je suis sortie de sa voiture, j'étais soulagée et je me suis dit, que plus jamais je ne ferai de l'auto-stop, même avec une connaissance.

Tout aurait pu m'arriver. Il pouvait m'emmener à un endroit, abuser de moi et me violer, sans que personne ne le sache et me faire disparaître.

La troisième fois, c'était dans le cadre du travail. Lors d'un rendez-vous pour une démonstration de mon produit, que je vendais à un monsieur.

Je ne savais pas qu'il était célibataire et vivait seul chez lui. Mais mon petit nez m'a dit de prendre mes précautions.

Au lieu d'aller seule à cette démonstration, j'ai demandé à une copine de m'accompagner. Heureusement que nous étions deux. Le monsieur m'attendait avec une bouteille de champagne. Pendant la démonstration, son comportement, son regard, ses gestes, tout montrait que j'ai encore eu de la chance, ce jour-là, en venant avec ma copine.

Quand nous sommes parties de chez lui, nous avons analysé les faits.

Soyons vigilants. Racontons, écrivons, disons les choses. Appelons un chat un chat.

Le langage se libère aujourd'hui, parlons, confions-nous, libérons-nous. N'ayons pas peur, n'ayons pas honte. Ne nous culpabilisons pas.

Ce sont ces personnes qui doivent se sentir coupables, pas nous.

Je vais conclure en parlant de l'amour fait avec accord mutuel. L'amour donne de la joie et du courage. Ça nous rend positifs et épanouis. Nous voyons l'avenir autrement.

Quand les personnes qui nous connaissaient avant, nous retrouvent, elles remarquent le changement.

Quand j'aurai tout, si je n'ai pas l'amour, je n'ai rien.

Non à l'esclavage de nos frères africains en Libye

J'ai été choquée, devant mon écran de télévision, lorsque j'ai vu les images défiler. Je me suis dit : Ce n'est pas possible, de nos jours, l'homme régresse. *Même les animaux ne font pas ça.*

J'ai dit à Fafa :

– Les humains sont très malades de la tête pour agir de la sorte avec leur semblable.

À la guerre, tout est permis, comment l'arrêter, elle nous paralyse en tout.

Peuple, restez chez vous, dans votre pays, je vous en conjure. Le bonheur est partout.

Souvent dans les situations simples, il suffit de bien réfléchir et de bien regarder autour de vous. Nos frères qui viennent en Europe, travaillent difficilement pour payer et réussir leurs études, ou gagner leur vie. Mais aujourd'hui, la vie n'est pas mieux ailleurs. Ne déplaçons pas les situations temporaires sans les résoudre. Réfléchissons comment surmonter nos difficultés dans le bon sens.

Je ne suis pas une aventurière. Donc peut-être, que je ne comprends pas, cependant je vois le risque encouru. Nos frères sont vendus comme de la marchandise, c'est inadmissible, honteux, immoral et dégradant.

Aujourd'hui, il y a la communication par les réseaux sociaux. Qui n'est pas informé ? Nous le sommes tous. Je sais que la misère, nous pousse à faire n'importe quoi et nous empêche de réfléchir normalement.

Quand nous étions jeunes, en Côte d'Ivoire, nous montions dans les manguiers pour cueillir une belle mangue bien mûre. Nous ne voyions pas le danger, quelques fois la branche de l'arbre, n'étant pas assez solide pour notre poids, se cassait et ça se terminait en chute. La faim nous pousse à courir des risques.

Aujourd'hui, vous allez à l'aventure dans un monde meilleur. La citation suivante est tout à fait adéquate, *un homme qui a faim, n'est pas un homme libre.*

Témoignage personnel

Vous pouvez donner le titre que vous voulez.

Je suis arrivée en France en 1975 avec ma carte d'identité ivoirienne, j'ai reçu la carte de séjour très rapidement pour un an, puis le renouvellement pour les dix ans suivant. La demande d'intégration pour être française, a été acceptée au bout de six mois.

Je ne voulais pas être française à l'époque, je voulais rester ivoirienne et j'étais très fière de l'être.

Mon beau-frère m'a très bien expliqué les avantages familiaux. J'étais très jeune et dans l'insouciance.

Nous recevions beaucoup de monde et partagions plein de bons moments.

Quelques fois, nous étions neuf à la maison. C'était un lieu où il faisait bon vivre.

Nous recevions aussi les marins qui étaient de passage. Dunkerque est un grand port, il y avait de gros paquebots qui accostaient. De loin, on regardait les drapeaux flottés. Il y avait des bateaux de beaucoup de pays. Monter sur un bateau me faisait peur, mais une fois dessus, je ne sentais soulagée.

Nous faisions la fête sur les grands bateaux ivoiriens. Nous avons fêté une fin d'année sur l'un d'eux, avec nos deux premiers enfants. La musique était tellement forte que nous n'entendions même pas le bruit des machines. C'était super.

Quand les marins arrivaient à quai, ils ramenaient de la marchandise de notre pays : des produits exotiques, surtout du bon poisson du Sénégal, des ignames, du plantain, du piment, des aubergines, du gombo sec, du café en grain de la Côte d'Ivoire. Ici il n'y avait pas encore de boutique exotique.

Nous partagions les produits avec les familles qui venaient chez nous, nous rendre visite. Nous passions des soirées conviviales avec les marins. Nous sommes dans la nostalgie du pays.

Ensuite, nous les accompagnions en voiture, pour faire leurs propres courses.

Quand les grands bateaux arrivaient au port, les commerçants de Dunkerque étaient très contents. Les cafés et les boîtes de nuit se remplissaient.

Plus tard, il y eut tellement de grèves de dockers, que les bateaux ne venaient presque plus. Nous avons vu le port de Dunkerque, perdre sa vie d'avant. Cette joie de se retrouver sur les bateaux, d'échanger et de partager de bon moment ensemble. Même les boutiques, les cafés et les boîtes de nuit en ont pâti.

À l'époque, les nouvelles urgentes se faisaient par télégramme. Nous étions souvent dans l'inquiétude de ne pas en avoir, bonnes ou mauvaises. Nous allons dans les cabines téléphoniques pour téléphoner au pays. quelques fois nous faisons des kilomètres. Une fois que la famille est en ligne, quel bonheur d'entendre l'être aimé.

Les trajets étaient longs, Dunkerque Paris trois heures.

Aujourd'hui en deux heures nous faisons Bordeaux Paris en TGV. Ils n'existaient pas en 1970.

Fafa dit souvent : *Avant c'était avant, aujourd'hui c'est aujourd'hui.*

La vie a changé dans le monde, il y avait du travail partout. Nous pouvions facilement quitter une société et le lendemain, nous étions embauchés ailleurs. La main-d'œuvre manquait dans le pays, puis les immigrants sont arrivés. La France était un pays très bon à vivre. C'était la bonne époque, il y avait de l'insouciance.

Les grandes enseignes s'ouvrent, les caddies font leur apparition. Quand nous allons dans les supermarchés, nous remplissons les caddies et à la caisse, nous payons sans trop calculer. Nous ne regardions pas trop le prix des marchandises. En tout cas la vie était moins chère en tout. Les commerces dans les centres-villes fonctionnaient très bien et vendaient beaucoup.

Aujourd'hui, ce n'est plus pareil. Il n'y a pas de travail pour tous, même quand nous voulons travailler.

Tout ça pour dire, que la bonne époque où vous pouviez venir en Europe est terminée. Nous qui avons connu l'abondance des années 1970, nous pouvons comparer.

Fafa me parle de l'année 1968, plus précisément, de mai 1968.

Dans les villes actuellement, les boutiques ferment une à une. L'internet commence à prendre la place des magasins. Le monde change et les mentalités aussi.

Dans les foyers, chaque membre de la famille a sa voiture personnelle.

Chaque époque est merveilleuse à vivre. Il suffit de nous rendre compte où nous sommes.

Le bonheur est souvent dans la simplicité, il peut être partout. Aujourd'hui, toutes ces choses simples paraissent évidentes.

Dernier hommage à Johnny

C'est aujourd'hui la cérémonie publique des obsèques de Johnny Hallyday.

Ma surprise a été très grande, lorsque j'ai appris ton décès à la télévision. J'ai pensé que ce n'était pas vrai.

Aussitôt, des larmes de tristesse, ont coulé comme si tu étais un membre de ma famille. Comme si je te connaissais personnellement.

Mon chéri Fafa est fan de toi. Il m'a toujours dit, *le jour que Johnny meurt, j'irai à son enterrement.*

Souvent à Noël, nous lui offrons ton dernier CD. Mon mari écoute tes chansons dans sa voiture. Il met en continu ta chanson 'oh Marie', mon mari l'a tellement écoutée que je connais les paroles par cœur. C'est une de mes préférées, je trouve les paroles merveilleuses et très belles. J'ajouterai, avec mes mots simples, que tu es un homme exceptionnel, un superhéros, un bel homme et un champion.

Ta simplicité en tout, me touche. Quand tu fais des duos avec des jeunes chanteurs, je me dis, c'est formidable d'aider ces jeunes à se faire connaître, merci beaucoup pour eux. Merci pour le bonheur et la joie que tu donnes dans les familles.

Au cours de la cérémonie, quand je vois les photos, les vidéos, je regarde ta croix. Je l'ai revu sur ton adorable épouse, le jour de l'hommage public. Quand tu as été malade aux États-Unis. Ma fille a dit : *il ne faudrait pas qu'il meure.*

Tu as été guéri. Tu as bercé notre enfance, notre jeunesse et maintenant notre âge.

Tu es resté toi-même pendant des années. Merci pour ton exemple de carrière, c'est formidable. Tu es le roi de la chanson.

Mon mari m'informait de tous les événements de ta vie. Les bonnes comme les moins bonnes concernant ta santé.

Depuis l'annonce de ta disparition, les souvenirs de notre jeunesse reviennent.

Les moments de : *Salut les Copains,* le temps des yéyé. Quelle belle époque !

Nous ne t'oublierons jamais. Ce n'est qu'un au revoir, tu nous laisses tes magnifiques chansons en héritage. *Yako* à ton épouse et tes enfants.

L'amour est plus fort que la mort. Que ton âme repose en paix. Adieu.

Mes douze ans de société

Je suis très contente parce que, je fête mes douze ans de société.

Le 19 décembre 2005, c'est la date de mon contrat. Mon parcours durant ces années-là, m'a permis de connaître et d'apprécier le monde de la vente. Chaque jour m'apportait de nouvelles expériences que je partageais avec le staff. Comme les voyages, les rencontres, partager l'amitié avec certaines collègues. Montrer de la persévérance et avoir de l'assurance au moment des démonstrations. Parcourir des kilomètres, pour visiter les familles et partager des moments d'émotions. Je remercie mes nombreux clients et clientes.

J'ai eu de la chance, mais la chance se provoque. Il n'y a pas de réussite sans échec, ceci est valable pour tout le monde. Grâce à vous, j'ai pu continuer cette merveilleuse aventure dans la Société. Merci beaucoup à mes collègues de travail et mes responsables.

Merci à mon chéri Fafa pour son écoute.

Joyeuses fêtes de Noël 2017

Nous entendons souvent dire, c'est la fête de la naissance de Jésus. Mais c'est aussi une fête commerciale.

C'est une fête de famille, pour les enfants, où les familles se retrouvent autour d'une belle table agréablement dressée, avec un décor tout particulier pour l'occasion. Il y a des bougies, nous sortons nos beaux couverts, pour les invités.

Noël c'est un jour spécial. Lorsque nous rentrons chez les familles, nous voyons des belles maisons décorées, avec de jolies lumières.

Dans le salon, trône un beau sapin, le roi des forêts, joliment décoré, nous passons des heures à l'admirer. Ses aiguilles restent vertes, alors que les autres arbres ont perdu leurs feuilles en automne. Nous voyons sous le sapin, des paquets cadeaux de toutes les formes. La surprise et l'émotion, seront au rendez-vous, pour les uns lorsque minuit sonnera, ou pour les autres le jour de Noël.

Il y aura des heureux, des contents, des joyeux et des déçus.

Dans tous les cas, cette belle magie de Noël reste gravée dans notre mémoire, jusqu'au Noël prochain. Hélas au futur et à mesure que nous grandissons, nous n'y croyons plus.

La veille du jour de Noël, Fafa me raconte comment il fêtait Noël avec ses parents et ses frères. Je l'écoute avec autant d'intérêt, comme si c'était la première fois.

Quelques fois, Fafa commence son histoire par cette phrase :

— Tu sais ma chérie, nous avons toujours fêté Noël avec mes parents, mes frères et mes grands-parents. C'était une grande famille. Il y avait quelques fois mes tantes, mes oncles, mes cousins et cousines. Ma grand-mère, la mère de ma maman, Alice habitait dans le village Nomain. La fête durait jusqu'au matin. Nous mangions de la dinde fourrée, ou du canard bien doré, la bûche de Noël. Il y avait aussi, *la coquille de Noël*, un genre de brioche avec des raisins ou sans raisin, une spécialité de la région. Des pommes de terre sautées, avec de l'ail et du persil en accompagnement.

Il y avait beaucoup de nourriture. Vers le milieu de la nuit, nous buvions le trou normand, puis sur le matin, la soupe à l'oignon était servie. Nous avions des cadeaux selon l'âge. Mon père travaillait dans une société, où le comité d'entreprise offrait des cadeaux. C'était génial. Les souvenirs de mes fêtes de Noël dans le village de Nomain sont extraordinaires. L'un des plus beaux et grands villages du Nord, près de Lille.

J'aime écouter mon chéri Fafa me raconter ses souvenirs des fêtes de Noël.

Je parle à mon tour de mes souvenirs d'enfance, des fêtes de Noël, des chansons de Noël, à la messe de minuit.

J'aime trop les chants de Noël :
Il est né le divin enfant, jour de fête aujourd'hui sur terre.
Il est né, le divin enfant, chantons tous son avènement.

J'aime aussi cette chanson de Noël :

Les anges dans nos campagnes ont entonné des chœurs joyeux.

Et l'écho de nos montagnes redit ce chant venu des cieux, la la la.

Je me souviens de la chanson de Noël en *Baoulé*. Nous chantions cette chanson à la messe de minuit, quand j'étais enfant en Côte d'Ivoire.

En Français la chanson veut dire :

Jésus est né à Bethléem, Noël. Noël. Noël. Noël.

L'église est pleine, nous sommes habillés chiquement pour assister à la messe de Noël. Nous avons nos habits du dimanche. Mais en ce jour spécial, nous portons des habits de fête, tout neufs, comme si nous allions à un mariage.

Les commerçants faisaient à cette période de l'année leur plus gros chiffre d'affaires. Les salons de coiffure, étaient pris d'assaut, il fallait réserver à l'avance.

Les rues sont ornées et éclairées plus que d'habitude. Les automates bien fabriqués garnissaient et animaient les vitrines. Enfants comme adultes, nous passions les heures à les regarder.

Mes premières années en France, nous fêtâmes Noël avec nos enfants, ma sœur son mari et ses enfants.

Nous mangions et nous dansions toute la nuit.

Au fur et à mesure que les années passent, nous le fêtons avec nos enfants.

Nous mangeons beaucoup de toasts au réveillon et le jour de Noël, je cuisine mon fameux riz aux vermicelles avec de la dinde ou du chapon.

Cette recette, je la prépare une fois dans l'année. C'est une recette de fête. La tradition oblige. Mes enfants l'attendent avec impatience. C'est savoureux.

Que nous soyons croyants ou non, nous sommes sensibles à cette fête de Noël, qui change complètement, l'aspect des villes et des maisons. Les crèches dans les églises sont différentes. Les petits bonshommes et les animaux sont joliment travaillés.

Bientôt les rois mages viendront offrir l'or, l'encens et la myrrhe à l'enfant divin.

Merci à Saint François d'Assise inventeur de la crèche de Noël.

L'esprit de Noël plane partout.

Petite histoire vraie...

En 1122 François d'Assise se trouvait à Greco, une petite ville d'Italie. Il dit à l'un de ses amis, qui avait mis à la disposition des frères, une grotte dans la montagne :

Je veux célébrer Noël avec toi, cette année, dans la grotte. Tu y installeras une mangeoire pleine de foin. Fais venir un bœuf et un âne. Il faut que cela ressemble à la crèche où est né Jésus.

Tous les gens du village se rassemblèrent. La messe fut dite à minuit. La légende raconte que tout à coup, l'ami de Saint François vit un petit enfant étendu dans la mangeoire. Il avait l'air endormi. François s'approcha, prit l'enfant tendrement dans ses bras, le petit bébé s'éveilla, lui sourit, caressa ses joues et saisit sa barde dans ses petites mains.

L'année suivante, les habitants de Greco avaient raconté avec tant d'admiration les merveilles de cette nuit de Noël qu'un peu partout, on se mit à reconstituer, dans les grottes où les étables, la scène touchante de la Sainte Famille et la naissance de Jésus.

Et c'est ainsi que François d'Assise inventa la crèche de Noël, symbole de paix et de joie familiale.

Père Jean Pian, Saint François d'Assise.

Meilleurs vœux pour l'année 2018 et pensées philosophiques

La nouvelle année approche à grands pas, précisément demain soir.

Chaque fin d'année, je dis cette belle phrase :

– Je sens la nouvelle année très bonne, superbe, géniale et époustouflante. Avec beaucoup de bonnes choses et de bons événements. Pourquoi ? Parce que chaque année, je fais tout mon possible pour bien savourer les 365 jours.

Nous n'avons pas de choix. Le temps passera comme d'habitude.

Nous vivons, nous vieillissons, nous comptons les années. La terre tourne tranquillement. On ne se pose pas de question. La nature non plus, imitons-la.

Les enfants savourent tout autour d'eux, sans trop se poser des questions. Ils admirent leurs parents. Ils rêvent de bonnes situations, quand ils seront grands. Aidons nos enfants à les réaliser.

Nous savons très bien que chaque année, il y aura des surprises, des bonnes comme des moins bonnes.

Efforçons-nous de vivre harmonieusement.

Nous avons 31 jours pour souhaiter nos vœux. Nous entendons chaque année les mêmes phrases :

– Bonne année, meilleurs vœux, bonne santé, surtout la santé, ce don précieux.

La tradition oblige, nous recevons et nous envoyons de belles cartes de vœux à nos proches. Des cartes originales, que des personnes utilisent encore.

Aujourd'hui elles sont virtuelles, il y a des emails, et des SMS.

Le réveillon, c'est le jour où tout le monde se met sur son 31. Souvent la couleur noire et blanche est au rendez-vous.

Demain, c'est la fin de l'année 2017. Nous allons réveillonner sûrement en nous amusant. Nous allons manger de bons plats savoureux, avec les personnes proches de nous, ou de nouvelles connaissances.

Minuit sera l'heure des vœux. Nous nous donnerons plein de bisous.

Je termine mon récit sur une pensée aux personnes endeuillées, malades, seules ou en difficultés.

Bonne année et bonne santé.

L'alcool et la cigarette dans les familles

Nous sommes choqués par ce nouveau drame, peut-être dû à l'alcool, pourtant nous ne connaissions pas la dame, qui a été tuée par son mari.

Lorsque je me réveille le matin ou dans la nuit. J'écris toujours quand un sujet m'interpelle.

Vous allez dire, pourquoi j'aborde les sujets de l'alcool et de la cigarette.

Ce n'est pas seulement un sujet, c'est une réalité.

Une femme de plus vient de subir la violence de son mari et elle en est morte tragiquement. C'est très triste et honteux.

L'amour qui tourne en drame, une belle relation qui se termine par la mort. Une famille brisée, affectée, choquée par le vide de cette disparition, qui restera à jamais gravée dans leur mémoire.

Fafa me dit souvent quand j'écris :

– Reste dans le sujet, ne déborde pas.

Je ne déborde pas, je reste dans le sujet. J'analyse pourquoi ces drames arrivent souvent, après une soirée bien arrosée entre amis.

Mais une soirée bien arrosée, ça veut dire quoi ?

Nous savons, qu'il y aura de l'alcool et des cigarettes au rendez-vous. Après avoir consommé et abusé, ce sont évidemment des disputes qui démarrent, s'enveniment, puis tournent au drame.

Il n'y a pas toujours une mauvaise ambiance après les moments de retrouvailles passée ensemble, heureusement. Mais lorsque les disputes arrivent, c'est inquiétant et triste.

Nous devons prendre nos précautions quand nous vivons avec des personnes qui boivent. Prudence et vigilance sont de mise.

Quand, j'ai rencontré mon chéri Fafa, il fumait. Or je ne supporte pas la fumée. Je n'ai jamais fumé de ma vie.

Je ne lui ai jamais dit, *arrête de fumer mon chéri, sinon je te quitte.*

Fafa est libre de fumer, c'est son problème. Ce n'est pas à moi, de lui donner des conseils concernant les inconvénients de la cigarette.

Je lui ai dit tout simplement, *ne fume pas quand tu es avec moi, ni dans la voiture ni à la maison. Fume où tu veux mais pas quand je suis à tes côtés, parce que je ne le supporte pas. Ça me rend malade, je suis allergique. Alors s'il te plaît, fait un effort, par amour pour moi.* Il m'a répondu… OK.

Il allait fumer dehors, ensuite il devait se brosser les dents, il prenait beaucoup de précautions. Par la suite, il se mit à fumer de moins en moins et un jour, il ne fuma plus. Aujourd'hui, il est très fier et content de dire, *je ne fume plus.*

Une fois, je suis allée en clientèle pour montrer mon nouveau produit. Ma cliente fumait chez elle. J'étais gênée sans rien dire. Je ne voulais pas perdre ma vente.

J'ai supporté la fumée pendant deux heures. Ma cliente a commandé mon nouveau produit. Je suis rentrée chez nous. Mais j'appréhendais le prochain rendez-vous de la mise en service de son produit chez elle.

Je suis revenue un mois après. Ma cliente ne fumait pas ce jour-là. Je lui ai demandé pourquoi.

Elle m'a répondu :

– La dernière fois, vous étiez gênée, je vous ai sentie mal.

J'ai expliqué :

– Je suis allergique à la fumée de cigarette.

– Pourquoi vous ne me l'avez pas dit ?

– Je n'ai pas osé.

Parfois nous parlons en silence, même si nous n'ouvrons pas la bouche, notre attitude parle plus fort. Aussi fort que la parole, ainsi que nos mimiques.

Un soir, j'étais en présentation de mes produits. À un moment donné, je me suis sentie très mal. Les dames ont ouvert les fenêtres. J'ai pris mon aérosol. Il y avait une des invitées qui fumait dans la cuisine, la fumée rentrait dans la salle de séjour où nous étions.

Je suis allée chez cette même dame, des années après, pour une mise en service de son produit. Quand je suis arrivée dans sa maison, pendant tout le temps que j'étais chez elle, elle est partie fumer dans son jardin. Pourtant elle était chez elle.

Depuis j'ai pris l'habitude de dire aux personnes que je suis allergique à la fumée de la cigarette. Je disais en rigolant :

– Vous serez obligée d'appeler les pompiers, ou me faire du bouche-à-bouche.

Elles me répondent :

– Non, nous n'allons pas fumer ici, nous irons dehors.

Les personnes ont de la compassion, si vous dites pourquoi. Il suffit de bien expliquer la situation de votre malaise. Surtout quand ça concerne également la santé des autres.

Ce n'est pas écrit sur le front de la personne, qu'elle se soûle, boit sans modération, ou à l'alcool mauvais.

Un ancien buveur d'alcool, a arrêté, il ne boit seulement que lors de bonnes occasions. Seulement un jour, son vieux démon peut ressurgir, des mois ou des années après, à un moment de faiblesse.

Pensées philosophiques et témoignages

Dites-vous, que ça ne sert à rien de se disputer avec une personne qui a bu.

Vous la laissez parler et se défouler. Ce n'est pas évident de laisser une personne raconter des bêtises quand elle a bu de l'alcool, cependant c'est ce qu'elle fait.

Vous l'écoutez tranquillement, vous n'ajoutez rien, vous pouvez faire semblant de l'écouter, sans vous énerver, tout en restant sur vos gardes.

Vous vous dites : *Je ne peux pas répondre à une bouteille. Elle n'entend pas, ni ne comprend c'est un objet.* Vous ne pouvez pas vous disputer avec.

Se taire s'apprend, tout s'apprend. Vous pouvez apprendre à vous taire pour sauver votre vie un jour.

Vous savez très bien que la personne n'est pas dans son état normal. Ayez du discernement, observez bien son attitude. Si vous êtes chez des amis, avertissez l'hôte.

Ne le laissez pas prendre le volant.

S'il est à la maison, regardez-le bien, vous sentirez l'odeur de l'alcool.

Si votre partenaire dit des propos choquants, vous le reprenez calmement. Vous lui dites toutes les paroles qu'il a prononcées la veille. Ou vous ne dites rien pour ne pas perdre votre temps. Vous avez autre chose à faire, lire un très bon livre, par exemple.

Souvent, vous entendez dire, *non, je n'ai pas dit ça, tu inventes.*

Protégez-vous, gardez votre sang-froid, il n'est pas facile de garder son calme face à une personne ivre.

Surtout ne buvez pas, quand votre partenaire boit. Restez lucide. Contrôler bien la situation chez vous, ou ailleurs.

Un verre d'alcool, peut faire des dégâts même chez des personnes qui n'ont pas l'habitude de boire.

En tout cas, l'alcool est mauvais dans les relations. Un verre de trop peut conduire au drame, le mal est fait. Soyons sobres.

Je ne parle pas des ivrognes. J'explique des situations courantes chez des personnes normales. Souvent les drames arrivent dans les familles soi-disant bien sous tous rapports.

Il ne faut pas forcément boire plusieurs verres de champagne pour être saoul.

Un samedi soir, j'étais près de chez nous et réalisé une très belle vente. Après ma démonstration, avant de rentrer, l'hôtesse recevait des amis. Elle m'a proposé un verre de champagne. Je lui ai dit que je ne supportais pas l'alcool, surtout le champagne, il me fait rire. Je ris beaucoup quand je n'ai pas bu d'alcool et lorsque je bois c'est pire. Je rigole toute seule pour un rien.

L'hôtesse a insisté en disant :

– Ce n'est pas un verre de champagne qui va faire de l'effet. Nous allons arroser la belle vente.

J'ai bu pour faire plaisir à la dame. J'ai commencé à rigoler. L'hôtesse et son mari m'ont raccompagné chez moi. Le mari a conduit ma voiture et je suis montée dans celle de la dame. Arrivée à la maison, je suis allée directement au lit. J'ai dormi comme une masse.

Quelques fois la fatigue peut jouer un rôle sur notre état physique avec l'alcool consommé. J'étais honteuse. Fafa a expliqué au couple que je bois très peu.

Une autre fois, après un salon du bien-être, nous avons bu du champagne pour arroser la clôture de nos ventes du mois de novembre, avant d'aller au restaurant.

Je n'arrivais pas à enfiler mes bottes, je les mettais à l'envers. Je rigolais comme une folle avec mes collègues de travail.

Tout ça, pour vous dire, que nous connaissons très bien les mauvais effets de l'alcool sur l'être humain. Le danger est multiplié et il détruit la santé.

Quelques fois, nous sommes disposés ou pas à écouter une personne, à un moment donné de notre vie.

Quand j'étais à l'école primaire, au CM2, mon instituteur, Monsieur Paulin, ce brave maître d'école nous donnait des leçons de morale et disait : *L'alcool détruit les cellules du cerveau. Mes élèves, ce n'est pas bien d'en boire, quand vous serez adultes.*

J'étais très jeune à l'époque, j'écoutais le maître et j'ai enregistré son conseil. Cet instituteur nous parlait beaucoup. Il nous donnait des conseils sur les choses à faire et à ne pas faire sur la vie courante.

Il disait également :

Si jeunesse savait, si vieillesse pouvait.

Je l'écoutais comme tous les enfants en primaire. Le maître d'école était respecté, nous l'admirions. Il était notre modèle.

Je me souviens encore de son nom, alors que j'ai oublié tous ceux des autres. Monsieur Paulin m'a beaucoup marqué par ses conseils.

Souvent, les enfants disent, *quand je serai grand, je serai maître ou maîtresse.*

Fafa me dirait à juste titre :

– Reste dans le sujet, ne saute pas du coq à l'âne. De l'alcool, tu atterris à ton instituteur de primaire.

Revenons à nos moutons, vous me connaissez, j'ai débordé.

Quand vous avez affaire à une personne qui a bu, elle a peur de la police. Dite-lui, *je vais appeler la police, si tu continues à m'importuner, quand elle arrivera, tu devras faire le test de l'alcool.* Souvent, la personne arrête aussitôt.

Pour éviter les drames de l'alcool, téléphoner toujours à une personne. Écrivez les faits sur votre portable pour laisser des traces. L'alcool et le mensonge font bon ménage. Vous ne pouvez pas lutter seul contre une personne qui a bu. Soyez très prudents.

Pour sauver votre vie, évitez les querelles et les insultes.

Aujourd'hui, nous vivons à cent à l'heure. L'alcool est souvent au rendez-vous.

Expliquons très tôt à nos enfants, les inconvénients de l'alcool et de la cigarette.

N'ayons pas des comportements, que nous ne voulons pas voir plus tard chez nos enfants.

Nous entendons dire souvent, *dans tous les couples, il y a des disputes.*

Pas forcément, arrêtons de dire ces paroles devant nos enfants. Nous pouvons être en désaccord, essayons de ne pas nous disputer comme des sauvages. Donnons un bon exemple à nos enfants, pour plus tard.

Les enfants se chamaillent mais font la paix aussitôt. L'amitié a une grande importance. Or les adultes se font la guerre longtemps, quelques fois notre orgueil, nous pousse à des séparations et à des rancunes.

Nous oublions les bons moments passés ensemble. Même les services que la personne nous a rendus à un moment donné.

Le mauvais alcool d'une personne m'a rendue à moitié sourde. À chaque violence sur une femme, mes souvenirs reviennent. Pourtant, les faits sont datés de plus de 40 ans, en 1978 mais c'est comme si c'était aujourd'hui, que j'avais reçu cette gifle d'une violence inouïe.

Je suis très en colère. À l'époque, j'étais très jeune pour comprendre la gravité du geste de cette personne. Je n'ai pas porté plainte, je ne savais pas et je n'ai pas été écouté par mon entourage. Nous sommes aveuglés. Le mal est fait gratuitement. Ce n'était pas eux qui ont subi cette violence physique, donc ce n'était pas grave.

Je me souviens du vin que cette personne a bu ce dimanche midi, quand j'ai reçu cette gifle pour rien. J'étais sans défense.

Une personne qui a bu n'a peur de rien, n'a pas de dignité.

En 1998 la même personne a osé me gifler sur la même oreille abîmée, devant ma sœur aînée déjà témoin, en 1978.

Il faut être sans cœur pour réaliser le même geste. Être sans pitié et très méchant pour agir de la sorte. Cette fois, ma sœur aînée a pris la décision de me défendre, en disant à cette personne :

– C'est trop, c'est fini, nous prenons un avocat, nous demandons le divorce. Tu as rencontré ma sœur grâce à moi. Je mets fin à cette union définitivement.

Ma sœur m'a aidée à entreprendre cette longue aventure douloureuse. Mais il fallait vraiment le faire pour mon bien et le bien de la famille.

Il y a eu trop d'années de foutaises, sans respect de son prochain. Le mal se termine enfin pour toujours.

Pendant les années où nous étions ensemble, lorsqu'il était dans son état de folie, je lui parlais de mon oreille qu'il a cassée. Je lui rappelais la première gifle. Aussitôt, il avait peur que je dénonce sa violence physique sur moi.

Le jour de cette année 1998, je n'ai pas vu venir cette gifle, il m'a prise en traître, comme d'habitude. Vous ne vous y attendez pas, sinon vous pouvez vous défendre. Vous protégez avec votre bras sur votre joli visage.

Aujourd'hui, je condamne l'acte de cette personne. Il faut être malade d'alcool pour gifler une femme enceinte de quatre mois. Je suis restée dans un déni, toutes ses années. Peut-être pour ne pas souffrir et me protéger. Je me réveille enfin de mon sommeil.

Je lui avais dit à l'époque, quand les faits sont arrivés, que je le quitterai un jour. Je ne supporterais pas de passer ma vie avec la personne qui m'a rendue à moitié sourde.

Pendant cette longue épreuve, j'ai entendu des témoignages de femme me disant :

– Vous avez eu de la chance, parce qu'un jour ce monsieur pouvait mettre fin à votre vie. Ne soyez jamais seule avec lui. Fuyez-le comme la peste, gardez vos distances, nous ne savons jamais où la folie peut le conduire.

J'ai bien enregistré les conseils.

Aujourd'hui, nous sommes en 2018. J'ai divorcé en 1998.

J'ai juré de ne jamais être en contact avec cet individu. Pour moi, il n'existe plus et il n'a jamais existé.

Lorsque vous faites du mal à une personne, il y a une demande de pardon, de la repentance.

Ce n'est pas grave, si la demande de pardon ne se fait pas. Mais les rôles ne doivent pas être inversés en vous culpabilisant.

Votre entourage vous reproche pourquoi vous ne parlez pas avec ce type. Vos proches trouvent que vous avez de la haine envers lui. Ce n'est pas la haine, c'est de l'indifférence.

Pendant mes vingt ans avec mon chéri Fafa, je ne parle ni en bien ni en mal de lui. J'ai effacé tous les souvenirs de ma vie passée.

Comme, j'ai déjà dit, je me réveille de ce long sommeil et j'écris pour témoigner. Je suis forte mentalement. Je n'ai pas peur de raconter la vérité, ma vérité…

Depuis que j'ai écrit mon livre *Une vie volée,* j'entends des mensonges ou des paroles blessantes me concernant. Mais personne ne vient m'affronter ouvertement et me demander des comptes sur mes écrits.

Je pense qu'elles savent aussi la vérité et ont peur que je puisse dévoiler des faits que je n'ai pas encore mentionnés. À mon avis, vous me pousserez sûrement à raconter la suite.

Ce dimanche de 1978, rassurez-vous, il n'y avait pas de dispute comme chez les personnes qui boivent de l'alcool, pourtant une gifle s'est abattue sur moi et m'a fait perdre l'ouïe.

Un simple mot et un coup peut être donné, taisez-vous.

Aujourd'hui, je suis armée d'une force dans mes tripes et je n'ai pas peur de témoigner.

Ma sœur aînée a lu mon livre. Elle m'a dit :

– Tu n'as pas tout écrit, tu as oublié des faits.

Je répondis :

– Oui, mais ne t'inquiète pas. Je peux à tout moment en raconter d'autres, si quelqu'un me cherche des noises. Une lionne qui dort, il ne faut pas la chatouiller, sinon si elle se réveille et attention… Il faut courir.

Le pardon est une puissance qui libère. C'est ma philosophie depuis des années. Je n'ai pas envie que la haine comble mon cœur. Je préfère laisser la place à la tolérance et à l'amour.

J'ai crié au ciel et à la terre, d'effacer la journée de ce dimanche midi, pour continuer à vivre dans la sérénité.

Pardonner, ne veut pas dire manger encore avec le méchant.

J'entends dire, *tu as de la haine.* Comment peut-on avoir de la haine et vivre encore dix-neuf années avec cette personne, après avoir perdu la moitié de l'ouïe qui vous a rendue handicapé d'une oreille.

Je ne connais pas ce sentiment de haine. J'ai un cerveau qui oublie le mal, votre cerveau est une banque. Je ne peux pas haïr et aimer en même temps. Mon cœur est rempli d'amour pour les personnes qui le méritent.

Le mauvais passé avec le méchant, est derrière moi depuis vingt ans.

Nos échecs sont une arme puissante pour avancer dans l'avenir avec sérénité. Soyons clairs et nets dans nos prochains actes.

La semaine dernière, j'ai regardé un film, suivi d'un débat, sur l'alcool. Les docteurs disaient, *l'alcoolique est un grand malade, il ne se rend pas compte de sa maladie, qui le pousse à commettre des actes impardonnables, aidez-le à se soigner.*

L'ignorance nous fait perdre notre temps. Identifiez vite l'alcoolique pour notre bien. Vous vous dites : *cette personne est folle ou malade pour avoir ce comportement,* sans trop savoir effectivement que 49 000 personnes meurent chaque année par l'effet de l'alcool, c'est une addiction et c'est grave.

Aujourd'hui j'utilise ce passé douloureux pour en rire en disant, *j'entends ce que j'ai envie d'entendre.*

Je préfère occuper mon temps à vivre une vie joyeuse, que de le perdre dans mon passé.

Les tueurs de joie n'ont pas réussi à faire disparaître mon beau sourire et ma joie de vivre, ils aiment vous voir malheureux comme eux. Mon silence sur ce sujet dérange. Il faudrait se plaindre.

Ils doivent se dire, *qui est cette femme, comment fait-elle pour garder sa bonne humeur et sa joie de vivre, en dépit des épreuves qu'elle a subi.*

Les épreuves nous font grandir et nous font prendre conscience de la beauté de la vie, qui ne tient qu'à un fil. Si un jour, sur ton chemin, tu rencontres le méchant, n'aie pas peur d'avancer, car tu as en toi une force inattaquable.

J'ai mon Fafa qui me fait rire quand il me parle.

Pour garder ma joie de vivre, je me dis toujours, que j'ai la chance d'avoir une bonne santé. Je pense aux personnes qui souffrent dans les hôpitaux. Je vois toujours le bon côté des événements en restant positive. Il y a tellement de bonnes choses à penser.

Vingt ans d'histoire d'amour et pensées philosophiques

1998, l'année d'une belle rencontre.

Ça se passe en 1996, dans un bus. Tôt le matin, ma copine Helle et moi étions installées dans le bus, à la gare de Dunkerque. Nous partions à Paris, pour un meeting de la Société. Je ne voulais pas partir seule à Paris, alors j'ai demandé à ma copine de m'accompagner. Vous me connaissez, je suis une grande peureuse.

J'ai été invitée par le directeur d'agence. Le responsable de secteur et le directeur d'agence sont venus chez nous, me vendre une batterie de cuisine.

Le directeur d'agence me dit :

– Madame, ne vous inquiétez pas pour cet achat. Vous allez bien gagner votre vie chez nous et je vous invite à Paris à notre meeting.

Ma copine Helle était avec moi ce jour-là. Elle souriait, ne disait rien, mais me pinçait, pour me faire comprendre de ne pas acheter cette batterie de cuisine à 1500 euros.

J'avais affaire à deux très bons vendeurs. J'ai commandé, parce que je voulais travailler avec eux.

Le bus roule, en direction de Lille. Une heure après nous arrivons, le chauffeur prend des passagers, vendeurs et invités.

Qui faisait partie du groupe et monte dans le bus ? un ancien vendeur renommé de la Société, Monsieur Fabrice Dupont, invité spécialement à ce meeting, dans le seul but de le recruter.

Fabrice Dupont se dirige directement vers nous. Ma copine et moi ne le connaissions pas.

Il s'assoit à côté de nous, nous sourit et commence à nous parler aimablement. Il nous pose des questions et semble s'intéresser à ma copine.

Helle, est une jeune fille togolaise de 26 ans, très mignonne. Grande et mince, une de mes protégées. Helle venait chez nous, nous étions souvent ensemble. Helle mangeait des carottes crues à tout moment. C'était la première fois que je voyais une jeune fille manger autant de carottes.

Aujourd'hui, je comprends le pourquoi, car je bois du jus de carotte. J'ai retrouvé mon teint de jeunesse hi hi hi.

Nous écoutons Fabrice Dupont raconter sa vie, son passé, son histoire, qui il est.

Je ne parle pas beaucoup, sûrement la fatigue, car je me suis réveillée tôt le matin.

Lille Paris, deux heures de route, il faut s'occuper en regardant les noms des parkings et des aires de repos que je connais déjà. J'ai pris cette autoroute du nord de la France, pendant quatre ans, une fois par semaine, pour aller à Rungis, quand je tenais mon commerce de produit exotique *Tam-tam*.

Encore une fois, je mémorise les noms des lieux de repos sur l'autoroute, pour m'amuser.

Nous arrivons à Goussainville, une commune près de Paris, le lieu du meeting. Le cadre est magnifique pour passer la soirée. Nous descendons du bus, Fabrice aussi. Helle me dit à oreille : *c'est dommage, il est petit.*

Ma copine est grande et mince, elle est plus attirée par les hommes grands.

Nous arrivons à la fête. Nous nous amusons. Nous assistons aux félicitations des meilleurs vendeurs. Je m'identifie à d'autres vendeurs. Je me vois la prochaine fois sur le podium.

C'est ce qui s'est passé au meeting suivant. Le directeur de vente parlait de moi en disant : *Cette dame a sept enfants.*

Il m'appelait sa petite princesse. J'entendais souvent cette phrase. Tout le monde savait à chaque meeting que j'avais sept enfants. Je ne comprenais pas pourquoi les personnes m'identifiaient par le fait que j'avais sept enfants. Pour moi je ne voyais pas la difficulté, d'élever mes enfants en travaillant et atteindre mes objectifs de ventes.

J'étais trop longtemps dans le système, donc pour moi tout se déroulait naturellement.

La fête bâtit son plein cette nuit-là. Ce meeting était agréable et très intéressant. Le Directeur de Zone présente Fabrice Dupont. Ils voulaient le recruter absolument.

Quelques hommes sont attirés par ma copine Helle, je dirais même, plusieurs hommes. Helle avait tellement de choix, qu'elle en oublie Fabrice Dupont et le laisse seul.

Vers la fin de la soirée, je suis assise dans un coin. Je regarde le manège de la fin de cette soirée. La personne qui m'a invitée à la fête, vient me dire :

— Ils sont tous attirés par cette jeune demoiselle. Ils ne savent pas que, c'est toi la femme mûre.

Ce monsieur m'a déjà flatté, la première fois qu'il m'a vu à la démonstration chez ma copine en me disant: 'vous êtes élégante madame'.

Je ne dis rien, je suis fatiguée. Il est tard et j'ai sommeil. Je veux dormir, je pense à mes enfants que j'ai laissés chez nous à Grande Synthe.

Nous reprenons la route après la fête, Fabrice me donne son numéro de téléphone, il me dit:

— Téléphone-moi si tu as besoin de mes services pour commencer ce nouveau travail de la vente directe. Appelle-moi à partir de 9 h.

Nous nous quittons à Lille.

Je commence mon nouveau travail. Je suis très contente. Je vais vers les futurs clients. J'aime trop le contact avec les personnes, j'aime aller chez les gens. Je réalise beaucoup de démonstrations individuelles. Je travaille quand mes enfants sont à l'école. Le week-end, après 20 heures, je démontre mon produit chez des couples. Je touche une nouvelle clientèle qui n'a pas été exploitée.

J'ai de nombreuses démonstrations, je vends beaucoup. Mes deux responsables sont venus m'aider. Je suis sur le podium comme je voulais.

Je reviens à mon sujet, d'une rencontre dans un bus.

Je ne téléphone pas à Fabrice Dupont. Le Directeur d'agence parle souvent de ce monsieur en disant :

– Bientôt il viendra travailler avec nous. C'est une question de jours. Nous l'attendons.

L'été 1996 se termine. C'est la reprise du travail. Nous sommes heureux de reprendre nos activités, après l'été passé dans les campings en Dordogne.

Nous avons un meeting national à Bordeaux, au Château Lafitte pour nous booster. Monsieur Fabrice Dupont est encore invité. Je ne fais pas attention à lui. C'est la fête, il y a du monde. Tous les vendeurs de France de la société sont présents.

Au retour, nous prenons le TGV. Fabrice est assis, un peu loin de nous. Il descend à Lille. Nous continuons notre route à Dunkerque.

Il signe enfin son contrat avec la société. Nous avons un meeting tous les samedis matin. Les après-midi et les soirs, nous avons des démonstrations. Dimanche matin et lundi, nous réalisons des visites après démonstration pour vendre notre produit.

Je vois Fabrice au meeting tous les samedis matin. J'admire son travail. Je suis impressionnée. Je me demande comment il fait pour réaliser autant de ventes en un week-end. C'est énorme.

Je parle souvent de son travail à mes copines. Il m'impressionnait tout en me motivant. Je suis devenue fan de lui.

Nous nous voyons au super voyage organisé par la Société. Nous sommes allés en Suisse. Nous avons été au marché de Noël à Strasbourg. Nous étions à Rungis où Paul Bocuse était l'invité d'honneur. Le sosie de Claude François était là et a animé la soirée.

Ça m'arrive de mémoriser les souvenirs des nombreux voyages et meeting ensemble, chacun assis de son côté, sans savoir que des années après, nous serions mariés.

Nous gagnons un voyage à Paris en groupe, où nous visitons quelques monuments. Ensuite, nous allons au restaurant. Pour le retour, le Directeur d'agence demande à Fabrice de nous prendre dans sa voiture. Il lui dit :

– Il y a deux charmantes femmes qui prennent les transports en commun. Est-ce que tu peux les ramener ?

La dame plus âgée s'assoit à l'arrière et moi, à la place du passager.

Je m'endors, puis je me réveille pour aller aux toilettes. Je me sens tellement bien à côté de lui. Je n'arrive pas a expliqué ce bien être.

Fabrice dépose la dame chez elle, puis me dépose chez ma sœur aînée à Lille.

Il rentre chez lui sans me faire la cour, ni m'embêter. Je trouve ça très gentil et sérieux. Surtout à l'époque, Je me dis, *ce mec, est un vrai gentleman.*

Un jour, une collègue de travail me demande :

– Alors, Henriette, parmi tous les hommes, dans notre agence, qui trouves-tu intéressant, avec qui je pourrais sortir.

Je lui réponds sans hésiter, Fabrice Dupont. La collègue me répond :

— Fabrice Dupont avec ses mille femmes !

— Ah bon, il a beaucoup de femmes… Comment il fait pour les gérer toutes. C'est incroyable, il est polygame ou quoi ?

Nous avions un sujet de conversation pour faire la route et passer le temps. J'ai bien rigolé ce jour-là.

À force de nous voir très souvent, il est devenu mon ami. Il me montre le moteur de sa nouvelle voiture. Il aime les belles voitures. Je le félicite. Cependant la relation entre lui et moi, reste comme un collègue de travail, sans plus.

Il n'est ami avec personne. Il travaille, il n'a pas le temps de s'occuper des collègues et de se lier d'amitié avec quiconque.

Jusqu'au mois de mai 1998, la relation avec Fabrice Dupont et moi resta amicale. Il ne m'avait jamais dragué, moi non plus.

Mai 1998, c'est arrivé. Fafa et moi étions les premiers étonnés de ce grand amour.

Fafa dit quelques fois :

— Si à cette époque, une fée était venue me dire à l'oreille : *ta future épouse est assise dans cette salle, tu la connais bien. Vous êtes collègues de travail. L'impossible sera possible et l'amour vaincra sur tous les événements, tu te rends compte ma chérie.*

— Oui, c'est ça le mystère de la vie. Heureusement que nous ne le savons pas à l'avance.

Je savais, dès le début de notre histoire, qu'il y aurait des tempêtes, du vent ou des orages. Pourquoi ? Mon petit doigt m'a dit, *comment feras-tu avec ce grand amour, comment il le vivra, sera-t-il possible, ou pas ?*

J'ai vite compris qu'il y aurait des souffrances. Mais l'aventure valait le coup d'être vécue. J'ai admiré Fabrice pendant deux ans. Enfin, il me dit les mots que je voulais entendre. Ceux qui réchauffent l'âme et font battre le cœur à cent à l'heure.

Ce samedi matin du mois de mai 1998. Lorsque je suis rentrée dans le bureau du directeur d'agence, mon cœur a commencé à battre la chamade, lorsque j'ai vu Fabrice dans le bureau. Je me suis dit :

– Oh la la... qu'est ce qui m'arrive, qu'est-ce que je vais faire, Comment je vais gérer ce sentiment, est-ce que Fabrice Dupont éprouve aussi de l'amour pour moi ?

Vingt ans après, je suis avec mon chéri Fafa. Les enfants ont grandi, et sont partis vivre leur vie, comme moi j'ai fait, lorsque j'ai quitté mes parents pour vivre la mienne. C'est normal.

Qui a eu raison ? Je pense que c'est moi. Dans mon métier de vente, j'ai tellement entendu d'histoires de famille, par des femmes, qui me disaient : *si j'avais su.*

Je savais un peu ce que l'avenir me réservait. Je suis naïve mais prévoyante. J'ai ce don, de pressentir l'arrivée des événements.

Si jeunesse savait si vieillesse pouvait.

Saisissez l'opportunité quand les événements se présentent. Pensez à vous. Réfléchissez bien. Le jeu de la vie, ce n'est pas comme l'apéritif, où nous pouvons nous resservir autant de fois que nous le voulons. Mais la chance, l'opportunité n'arrivent et ne se présentent souvent, qu'une fois.

Nous sommes en 2018. Je vais avoir 62 ans, je suis avec Fabrice. Il cuisine pour moi quand je vais travailler, je me promène avec lui, il m'écoute dans mes moments de doute en me disant réellement ce qu'il pense de moi et m'accepte telle que je suis avec mes qualités et mes défauts.

Je rigole quand il me taquine :

– Tu fais ta belle, tu vois comment tu marches ?

Je réponds :

– Oui mon chéri, je le sais. Heureusement que je le sais, si je ne le fais pas maintenant, je le ferai quand ?

Ne laissons jamais des personnes mettre le doute dans nos projets, de décider ce qui est bien ou mal pour nous. Le plus important c'est de savoir exactement ce que nous voulons.

Rassurons-nous, lorsque nous bouleversons nos habitudes, ça nous rend différents. Le changement dérange et l'inconnu gêne.

Il y a des années d'anniversaires qui se fêtent et qui sont importantes. Je me comporte comme si j'avais vingt ans. Vingt ans c'est aussi l'âge de quitter le cocon familial pour des milliers de raisons.

Les études, le travail, le mariage, le désir de liberté, ou bien un au revoir tout simplement.

Cette année 1998, restera gravée dans la mémoire. Il y a des années qui nous marquent. Comme l'année où la France a gagné la coupe du monde, les souvenirs de cette journée nous reviennent en détail.

J'étais à Lille, à Faches-Thumesnil précisément, dans les bras de mon chéri Fafa. Nous regardions la télévision. La France a gagné la coupe du monde. Quel événement ce jour-là ! Dehors, j'entendais des bruits de voitures. Les gens criaient de joie, de bonheur. La France entière était dans l'excitation.

J'ai une histoire à raconter. Le grand-père d'un de mes amis, a rendu l'âme ce jour-là. C'est triste mais sa passion l'a emporté. Il est parti heureux d'avoir vu la France, gagner la coupe du monde. Vingt ans après je raconte encore son histoire.

J'étais très amoureuse cette année-là. J'ai rencontré mon prince charmant. Nous étions fous d'amour. Je me demande même, si nous avions vraiment regardé la télévision. Je ne me souviens plus, mais je pense que Fafa oui.

Cette année 1998, a réalisé le rêve le plus important de ma vie. Les mots me manquent aujourd'hui pour expliquer cette joie intense. Lorsque j'y pense, mon cœur déborde de joie. J'ai envie de danser, de chanter, j'ai tellement attendu ce jour. Une phrase résonne dans ma tête *tant qu'il y a de la vie, il y a de l'espoir, tout peut arriver.*

Je pensais que j'étais condamné à cette vie qui ne me rendait pas heureuse, que le ciel m'avait oublié. Une nuit où j'avais tellement mal, j'ai pensé à en finir. Que mon cœur s'arrête de battre en dormant paisiblement, tellement je souffrais de mon mal-être. Pourtant j'avais toujours cette apparence gaie.

Je pleurais tous les soirs dans mon lit. Je ne voyais pas d'issue. J'ai renoncé à tout, j'étais une morte vivante. La tristesse se voyait tellement sur mon visage, que personne n'osait me le faire remarquer.

Heureusement que mes enfants me remplissaient de bonheur.

Utilisez votre talent pour le bien de tous. Une très bonne rencontre, peut changer votre vie…

Aujourd'hui, un peu grâce à William Shakespeare, j'ai compris une vérité que je ne savais pas, il y a vingt ans de ça.

Je me sens toujours heureux, vous savez pourquoi? Parce que je n'attends rien de personne. Les attentes font toujours mal. La vie est courte, aimez votre vie, soyez heureux, gardez le sourire et souvenez-vous:
Avant de parler, écoutez.
Avant d'écrire, réfléchissez.
Avant de blesser, considérez l'autre.
Avant de détester, aimez.
Avant de mourir, vivez

Merci William Shakespeare.

À suivre...

Achevé d'imprimer décembre 2018 par
REPROLASER
10 bd Danton 47300 VILLENEUVE-sur-LOT

ISBN 978 2-35208-426-6 – Prix de vente 18 €

Dépôt légal BNF, 4e trimestre 2018